Jürgen Moltmann

WEISHEIT IN DER KLIMAKRISE

Perspektiven einer Theologie des Lebens

Ich widme dieses Buch

der Kirchlichen Hochschule in Wuppertal

INHALT

EINLEITUNG

Die Gegenwart ist von radikalen Veränderungen gekennzeichnet: Die Corona-Krise erscheint heute wie der Beginn einer katastrophischen Zeit, die im Krieg Putins gegen die Ukraine mit all seinen globalen wirtschaftlichen und politischen Folgen eine Dramatik gewonnen hat, deren Tragweite wir noch gar nicht überschauen können. Und über allem liegt die Klimakrise, die schlimmste aller Zukunftserwartungen, weil sie nachhaltig ist und den ganzen Planeten Erde betrifft.

Statt Lebenshoffnung breitet sich Lebensangst aus. »Fürchtet die Erwärmung der Erde!«, möchte man ihnen zurufen. »Fürchtet das Artensterben!« »Fürchtet die Vergiftung der Luft!« Das sind die Mahnrufe der Gegenwart, die auch diejenigen wecken sollen, die die kommenden Gefahren nicht ernst genug nehmen. Diese Furcht ist berechtigt. Aber sie muss auf konkrete Befürchtungen eingegrenzt werden, wenn wir unsere Handlungsfähigkeit nicht einbüßen wollen. Furcht ist das Gefühl für die kommenden Gefahren, sozusagen das Radar unseres Geistes, das uns warnt, aber nicht lähmen soll. Zur Furcht gehört der Lebensmut, der es uns möglich macht, aus der Sorge heraus die Konsequenzen zu ziehen und schnell und radikal zu handeln. Und unser Handeln sollte von Weisheit geleitet sein.

Weisheit in der Klimakrise entsteht, wenn man die Möglichkeiten des Wissens und der Technik und die Erfahrungen der Lebenspraxis zu der veränderten Wirklichkeit ins Verhältnis setzt. Wenn man die negativen Erwartungen im Hinblick auf die Klimakrise, die Möglichkeiten der Wissenschaft und unsere Fähigkeit, unsere Lebenspraxis zu ändern, zusammennimmt, ist Weisheit möglich. Das zeigt sich in der Gegenwart schon, wenn wir sehen, wie es mehr und mehr gelingt, erneuerbare Energie zum Energieträger einer neuen Industriegesellschaft zu machen.

Allerdings steht heute mehr in Frage, nämlich das ganze wissenschaftlich-technische Weltbild, auf das unsere naturzerstörende Industrie und Lebenspraxis aufgebaut sind. Eine kluge Anwendung neuer technischer Mittel wird darum nicht reichen, wenn wir Zukunft gewinnen wollen. Neben das Wissen und die Technik, die beides Instrumente der Machtausübung über die Natur sind, müssen Verstehen und Empathie treten. Wir müssen unser Verhältnis zur Natur an der Wurzel verändern: Wir müssen beginnen, die Lebewesen in ihrem natürlichen Umfeld, die Ökosysteme und den Planeten Erde nicht nur wissenschaftlich zu erklären, sondern empathisch zu verstehen. Wir müssen die Natur als Subjekt verstehen, nicht als Objekt unseres Handelns. Objekte können erklärt werden, Subjekte müssen verstanden werden.

Ich spreche im Titel dieses Buches von »der Klimakrise«. Dabei vergesse ich nicht, dass diese auf den verschiedenen Kontinenten sehr verschiedene Ausprägungen annimmt und die eine Krise eine Vielzahl von Katastrophen mit sehr unterschiedlichen Gesichtern zur Folge hat. Und dabei vergesse ich auch nicht, dass es in der Klimakrise um mehr geht als allein um das Klima. Es geht um Leben, um das Überleben der Menschheit, um das Überleben der Natur, wie sie sich in Jahrmillionen der Evolution entwickelt hat. Ich habe darum mein Thema weiter gespannt, als es der Titel dieses Bandes vermuten lässt. Ich gehe auf die Ewigkeit in der Zeit ein, ich behandele die »Wahrheit in der Zeit der Lüge (fake news)«, nehme Bezug auf die »Feministische Theologie des Lebens«, wie sie meine Frau Elisabeth Moltmann-Wendel entwickelt hat, und spreche über die biblische »Verheißung der Herrlichkeit«. Manche der Beiträge sind eher im Vortragsstil gehalten, andere tragen den Charakter einer Abhandlung, wobei ich mit Anmerkungen sparsam umgehe.

Den Abschluss bildet eine Meditation über Hiob 36,16. Dieser Vers hat mein Leben begleitet und die Artikel dieses Bandes werden meine letzten Beiträge zur ökologischen Theologie des Lebens sein.

Ich widme dieses Buch der Kirchlichen Hochschule in Wuppertal, die mir von 1958 bis 1964 die akademische Freiheit geschenkt und mir am 1. November 2022 die Ehrendoktorwürde verliehen hat. Auch in dieser Hinsicht schließt sich ein Lebenskreis.

Tübingen, am 1. April 2023 *Jürgen Moltmann*

DER BLÜHENDE KIRSCHBAUM – EIN LEBENSZEICHEN

Das belgische Gefangenenlager in Zedelgem war grauenhaft. Es war ein altes Munitionslager mit riesigen Hallen. Wir saßen und schliefen auf dreistöckigen Pritschen zu 200 Mann in einer Halle. Abends wurden die Hallen dicht gemacht und zwei Kübel hineingestellt. Der Gestank war entsetzlich. Noch schlimmer war der Naziterror nachts. Da waren HJFührer oder SS-Leute, die jeden verprügelten, der am »Endsieg« zweifelte oder abfällige Bemerkungen über Hitler machte. Das Kriegsende am 8. Mai 1945 beendete diesen Nazispuk.

Besser wurde es aber nicht. Das Rote Kreuz erklärte, nicht für uns im Lager zuständig zu sein, weil es kein Deutsches Reich mehr gab. Unsere Rationen wurden drastisch gekürzt, der englische Porridge wurde mit Wasser verdünnt.

Alleinsein konnte man nicht. Die Gefangenen wussten nichts mit sich anzufangen. Wir waren dem Inferno des Krieges entronnen, aber auf jeden von uns Überlebenden kamen Hunderte von Toten. In den schlaflosen Nächten stiege diese schrecklichen Erinnerungen in einem auf, die Toten erschienen und sahen einen mit erloschenen Augen an. Im Krieg war man von einem zum anderen gehetzt worden, sodass man nicht zum Nachdenken kam, aber in

Gefangenschaft war man dem Erlebten und Erlittenen schutzlos ausgeliefert. Jeder versuchte, sein blutendes Herz hinter einem Panzer von Unberührbarkeit und Gleichgültigkeit zu verstecken. Das war die innere Gefangenschaft der Seele, die zu jener äußeren Gefangenschaft hinzukam.

Die Gefangenen sind ganz auf ihre innere Welt zurückgeworfen wie die Nonnen und Mönche in ihren Klosterzellen. Der zwangsweise Zölibat verbindet beide. »Schließ zu die Fenster deiner Sinnen und suche Gott tief drinnen«, hatte Gerhard Tersteegen geraten. Aber »drinnen« sind die zerstörenden Erinnerungen, die sich aufdrängen. Ich war in jenen Nächten allein und fühlte mich wie Jakob am Jabbokfluss den finsteren Mächten ausgesetzt. Erst später wurde mir klar, mit wem ich da rang, und wer mit mir rang.

Ich habe die sechs Monate im belgischen Gefangenenlager als »spirituelle Zeit« erlebt. Die Außenwelt war abstoßend, dafür tat sich unter Seelenqualen eine innere Welt auf. Ich bin zwar kein Mystiker geworden wie Therese von Avila mit ihrer »Seelenburg« oder Thomas Merton mit seinem »Sevenstorey Mountain«. Aber ich habe meine innere Welt damals wahrgenommen und kehre jetzt in der Einsamkeit des Alters dorthin zurück.

Dort findet sich eine ausgesprochen schwierige Seelenlandschaft und es braucht Mut, sich ihr zu stellen. Aber sie ist nicht ohne Hoffnung. So war es schon 1945. Im Mai 1945 schoben wir einen offenen Güterwagen aus dem Lager. Wir waren tief deprimiert und ließen die Köpfe hängen. Plötzlich sah ich einen Kirschbaum in voller Blüte. Ich wäre vor Glück beinahe ohnmächtig geworden: Das volle Leben sah mich an. Ich sah nach langer Zeit interesseloser Blindheit in diesem spirituellen Moment auf einem Mal wieder Farben und spürte das Leben in mir. Ich fasste wieder Lebensmut, der mich durch die drei Jahre der Gefangenschaft, die noch folgen sollten, trug.

Es begann mit dem blühenden Kirschbaum und vollendete sich im Liebesglück mit meiner Frau Elisabeth, dass ich aus dem Schneckenhaus meiner Seele ausbrach und die Fülle des Lebens fand. Ich war drinnen und der lebendige Gott war draußen und lockte mich ins Weite mit den Freuden und Schmerzen des gelebten Lebens.

KAPITEL 1:
DER MENSCH – EINE MISSGLÜCKTE SCHÖPFUNG?

1. Wie sich der Mensch zum Problem wurde

Zum Beginn der europäischen »Neuzeit« erhob sich ein Teil der Menschheit aus den Gesetzen und Rhythmen der Natur und erklärte sich zur gottgleichen Mitte seiner Welt.[1] Mit Entdeckungen, Eroberungen und Erfindungen wurde eine menschliche Umwelt aus der Natur der Erde geschaffen. Damit wurde der neuzeitliche Mensch einsam.[2] Auf die Frage »Wer bin ich?« muss er sich selbst Antwort geben. Die moderne, deutsche, philosophische Anthropologie beginnt mit Herders Klage über die Natur: »Die Natur war gegen ihn die härteste Stiefmutter, da sie gegen jedes Insekt die liebreichste Mutter war ... Bei dem Menschen ist alles in dem größten Missverhältnis«.[3] Der Mensch ist von Natur ein Mängelwesen, dafür hat er die Freiheit, den »Keim für Ersatz seiner Mängel«. Max Scheler und Arnold Gehlen sind ihm darin gefolgt, aber sie haben so wenig wie Herder nach der Natur der Erde gefragt und wie

1 Pico della Mirandola, Über die Würde des Menschen, Zürich o. J.

2 Arnold Gehlen, Urmensch und Spätkultur, Bonn 1956, 285.

3 Johann Gottfried Herder, Über den Ursprung der Sprache (1770), Berlin 1959, 21.

die Natur aus »Mutter Erde«, wie sie in früheren Kulturen verehrt wurde, zu des modernen Menschen »härtester Stiefmutter« wurde.

Zu Herders Zeiten stand die deutsche »Neuzeit« noch unter dem Eindruck des »philosophischen Chiliasmus« von Lessing und dem jungen Kant.[4] Darum ist die »Neuzeit« das »Dritte Zeitalter« nach dem Mittelalter und der Antike, das Joachim von Fiore vorausgesagt hat. »Die Erziehung des Menschengeschlechts« zum Guten ist möglich, denn nach Offb 20,1 ist der »Satan für tausend Jahre gebunden«, so dass sich das Gute ungehindert ausbreiten kann. Der Übergang vom partikularen Kirchenglauben zum universalen Vernunftglauben ist der Weg: Völkerfrieden ist möglich. Das Tor zum Weltfrieden ist offen. Es winkt »das goldene Zeitalter«, wie die schwäbischen Reich-Gottes-Pietisten Albrecht Bengel, Friedrich Oetinger und Christoph Blumhardt weissagten. Als ein messianisches Zeichen galt die Emanzipation der Juden aus dem Ghetto in die bürgerliche Menschenrechtsgesellschaft.

Das 20. Jahrhundert brachte den Zusammenbruch der westlichen Fortschrittswelt und der imperialen Welteroberungen. Die europäischen Großmächte vernichteten sich gegenseitig in den »Materialschlachten« des ersten Weltkriegs. Der zweite Weltkrieg kostete 55 Millionen Menschen das Leben. Nazideutschland ermordete 6 Millionen Juden. Die Amerikaner beendeten den zweiten Weltkrieg mit Atombomben und eröffneten die nukleare Endzeit. Dies ist das Zeitalter, in dem der »nukleare Selbstmord« (Sacharow) der Menschheit möglich wird. Der Fortschrittsblick in die Zukunft wandelte sich zum Blick in den Abgrund. An die Stelle des »philosophischen Chiliasmus« trat die säkulare Apokalypse der »Selbstabschaffung der Menschheit«: Weltuntergang ohne Hoffnung. Das geht mit Kernwaffen plötzlich in wenigen Stunden, das geht durch

4 Jürgen Moltmann, Die Geburt der Neuzeit aus dem Geist chiliastischer Theologie, in: Hoffen und Denken. Beiträge zur Zukunft der Theologie, Neukirchen 2016, 111-134.

ökologische Katastrophen langsam, aber unaufhaltsam, das geht durch das digitale Gefängnis der unbegrenzten Überwachung und Manipulation, ohne dass wir es bemerken.[5]

Damit stehen wir vor der existentiellen Frage: Ob eine Menschheit sein soll oder nicht? Die Evolution des Lebens zeigt kein »starkes anthropisches Prinzip«. Das Weltall wirkt auf uns sinnlos, je mehr wir davon begreifen. Jedenfalls sagen uns weder die Sterne noch unsere Gene, ob eine Menschheit sein soll oder nicht, und wozu sie da sein soll. Und unsere eigenen Selbsterfindungen und Umbaupläne sind nicht überzeugend. Wie können wir das Leben lieben und »Mut zum Sein« (Paul Tillich) fassen, wenn unser Leben möglicherweise eine Fehlentwicklung der Evolution ist und unser Dasein für diese Welt im besten Fall belanglos ist? Gibt es eine »Pflicht zum Dasein« und »eine Pflicht zur Zukunft«, wie Hans Jonas meinte?

Fassen wir beides zusammen: Wenn wir die Möglichkeit zur Erziehung des Menschengeschlechts zum Leben in Frieden und die Möglichkeiten der tödlichen Selbstabschaffungen des Menschengeschlechts nebeneinanderstellen, kommen wir auf den Begriff »Experiment« – der Mensch ist ein Experiment der Natur und seiner Selbst. Wie jedes Experiment kann das Experiment »Mensch« gut und schlecht ausgehen. Ernst Bloch hat die ganze Welt zu einem großen »Experimentum Mundi« erklärt.[6] Alles ist noch in der Vorgeschichte, das Ziel ist noch nicht erreicht, aber auch noch nicht verloren: Es kommt auf uns an, dass es gelingt. Aber der Begriff hat auch seine Misslichkeit: Ein Experiment kann man wiederholen oder anders anlegen, das Experiment »Mensch« gibt es nur einmal. Wenn es misslingt, ist kein Mensch mehr da, der daraus klug werden kann.

5 Harald Lesch/Klaus Kamphausen, Die Menschheit schafft sich ab, München 2016.

6 Ernst Bloch, Experimentum Mundi. Frage, Kategorien des Herausbringens, Praxis, Frankfurt 1975.

2. Die Reue Gottes über die misslungene Schöpfung »Mensch«

Vor 2500 Jahren haben die Weisen in Israel schon über die Abschaffung des Menschengeschlechts nachgedacht.[7] Anlass waren das Erdbeben und die große Flut, die ganze Kulturen im östlichen Mittelmeer zerstörten, die »Sintflut« genannt. Unser Wort »Weltuntergang« erinnert noch an diese urzeitliche Flut. Genesis 6 hat diese Geschichte:

> »Als Gott sah, dass die Bosheit der Menschen auf der Erde groß war, und alles Dichten und Trachten ihres Herzens nur böse war allzeit, da reute es Gott, dass er die Menschen auf der Erde gemacht hatte und er war tief bekümmert.
> Und Gott sprach:
> Ich will die Menschen, die ich geschaffen habe, von der Oberfläche der Erde austilgen, von den Menschen bis zum Vieh, den Kriechtieren und den Vögeln des Himmels, denn es reut mich, dass ich sie gemacht habe. Noah aber hatte Gnade gefunden in den Augen Gottes« (Gen 6,5-8).

Wir wollen zunächst nach der Bosheit der Menschen fragen, die zur Reue Gottes geführt hat; danach fragen wir nach der Reue und der Treue Gottes.

> »Und es geschah, als die Menschen auf der Erde sich zu mehren begannen und ihnen Töchter geboren wurden, da sahen die Göttersöhne, wie schön die Menschentöchter waren und sie nahmen sich von ihnen allen, an welchen sie Gefallen fanden« (Gen 6,1-2).

7 Claus Westermann, Genesis. Kapitel 1-11 Biblischer Kommentar. Altes Testament I/1, Neukirchen 1976²; Jörg Jeremias, Die Reue Gottes. Aspekte alttestamentlicher Gottesvorstellung, Neukirchen 19972.

Es sieht danach aus, als seien zwei verschiedene Geschichten zusammengesetzt worden, aber auch dann stellt sich die Frage: Warum? Gewöhnlich wird diese Geschichte mythologisch ausgelegt als „Engelehen«, aber mir fällt eine politische Deutung der antiken »Tyrannen« ein.

Die *mythologische Deutung* geht von den Göttersöhnen und den Menschentöchtern aus: »Mit der ehelichen Verbindung dieser zwei Gruppen ist ein Spannungsmoment gegeben«, stellt Claus Westermann fest, und hält es für einen »die Grenzen des Menschen gefährdenden Übergriff der Göttersöhne ... gegen den Gottesinbegriff«.[8] Wer aber sind die »Göttersöhne«? Sind sie Götter oder Engel, Halbgötter oder Übermenschen, Titanen oder Giganten, Dämonen oder Heroen? Auf jeden Fall sind es männliche Wesen, die von der Schönheit der Menschenfrauen angezogen werden und zeugungsfähig sind. Das verwischt aber die Grenze vom Göttlichen zum Menschlichen.

In der griechischen Antike war die Vorstellung einer göttlichen Zeugung mit einer menschlichen Frau weit verbreitet. Aber das erklärt nicht, warum diese Geschichte mit der Sintflutgeschichte und der »Reue Gottes« zusammengesetzt wurde.

Meine *politische Deutung* geht nicht von oben vor, sondern von unten. Wer waren in jener Zeit die »Göttersöhne«, für die schöne Frauen Freiwild waren? Es waren die Herrscher, die sich über das Volk erhoben und ihren übermenschlichen Status mit politischer Religion schützten. In Ägypten wurden die Pharaonen nach den Göttern benannt, wie Tutench-Amon. Amon war der Reichsgott. In Israel wurde demgegenüber der Gott Israels nach den Menschen genannt, denen er erschienen war: »Der Gott Abrahams, der Gott Isaaks, der Gott Jakobs«. Auf Vergottung der Herrscher reagierte

8 Westermann, a.a.O., 497.

Israel empfindlich und widerständig. Also nehmen wir an, dass die »Göttersöhne« vor der Sintflut menschliche Herrscher waren und dass die schönen Töchter des Landes ihrer Willkür ausgeliefert waren: Harem und Jus primae noctis.

Für die *mythologische Deutung* müsste die Sintflut eigentlich nicht auf der Erde, sondern im Himmel stattfinden, weil nicht die Menschen, sondern die »Göttersöhne« böse wurden und ihre Grenzen überschritten.

Für die *politische Deutung* besteht die Bosheit der Menschen darin, sich solchen Tyrannen und Diktatoren und ihrer Willkürherrschaft zu unterwerfen, indem sie diese vergöttern und ihnen ihre schönen Töchter ausliefern. Mit der Aufgabe der Freiheit an die Willkürherrschaft von Tyrannen beginnt die Bosheit und das Verderben der Menschen. Sie dienen nicht mehr dem lebendigen Gott, sondern opfern ihre Töchter den politischen Götzen, die sie als »Göttersöhne« ehren. Damit wird das Herz der untertänigen Menschen böse von Grund auf. Die Deutschen haben diesen Wandel zur Bosheit in der Nazi-Zeit erlebt: »Führer befiel, wir folgen dir« – bis ins Morden nach Auschwitz und bis in den eigenen Untergang in Berlin.

Vielleicht versteckt sich hinter der Komposition der beiden Geschichten auch eine Ironie, mit der die heldischen Tyrannen als Liebhaber der Frauenschönheit lächerlich gemacht werden. Denn das »Verderbnis der Menschen« in Vers 13 besteht nicht in etwas, das unter dem Begriff »Sünde« gefasst werden kann, sondern bezeichnet etwas Außerordentliches, einen Frevel, eine Vernichtung. »Die Gewalttaten der Menschen hatten ein Maß angenommen, dass die Erde, die Menschenwelt, davon verderbt war«.[9] Der hebräische Ausdruck meint im ursprünglichen Sinn »Gewalttat, Untat, Blutvergießen,

9 Ebd. 559.

frevelhafte Vergewaltigung, Bedrückung«.[10] Davon ist die Erde voll. Diese Verderbnis der Menschen wirkt sich auf ihren Lebensraum, die Erde, aus: »Die Erde aber war verderbt vor Gott« (Gen 6,11).

Wer sich an das letzte Kriegsjahr 1945 erinnern kann, weiß, was gemeint ist. Eine Anthropologie ohne das Verderben von Auschwitz ist illusionär. Statt Genesis 1 ist Genesis 6 zum Verständnis des Geschöpfes »Mensch« zu nehmen, wie Gott ihn sieht. Verdorben war die Erde von Frevel, aber »Noah hatte Gnade gefunden in den Augen Gottes«. Von diesem Vertrauensvorschuss leben wir heute noch, obwohl wir alles tun, das Verderben auf der Erde zu vermehren und uns selbst zu verderben.

Die Fluterzählung offenbart einen *Zwiespalt in Gott* zwischen seiner *Reue*, »dass er die Menschen auf der Erde geschaffen hat«, und seiner *Treue* zum ursprünglichen Schöpfungsratschluss. Bedenkt man, dass Gott die Menschen sich zum Bilde in der irdischen Schöpfung geschaffen hat, muss diese Reue auch auf Gott selbst zurückfallen. »Das im ersten Ansatz Geschaffene ist ›nicht gut‹; es ist noch nicht der Mensch, den Gott eigentlich zu schaffen beabsichtigte. Die Fluterzählung setzt damit ein, dass ›der Mensch‹, den Gott erschaffen hat, missraten ist: der Mensch ist böse (Gen 6,5f), die Erde verderbt (Gen 6,11f).«[11] Die Fluterzählung ist auf die Schöpfungsgeschichte bezogen. Das zeigt sich darin, dass dem Entschluss zur Vernichtung der Menschheit der Entschluss zur Bewahrung des Einen hinzugefügt wird. So wie die Sintflut Menschen und Tiere vernichtet, werden Mensch und Tiere in Noahs Arche gerettet. Menschenwelt und Tierwelt gehören als Lebenswelt zusammen. »Die Sintflut ist der Archetyp der Menschheitskatastrophe, als solche zur Erzählung gedichtet«.[12]

10 Ebd.

11 Ebd. 529.

12 Ebd. 537.

Der Satz, dass es Gott gereute, Menschen geschaffen zu haben, wird in Vers 6 noch intensiviert; »und es bekümmerte ihn tief«. Das hebräische Wort drückt den »*Schmerz Gottes*« aus, seine eigene Schöpfung zu vernichten, da sie misslungen ist! »Es ist dieses Motiv des in sich widersprüchlichen Leidens Gottes an dem Gericht, das er selbst bringt«.[13]

Als Gott Menschen schuf, hätte er da nicht schon vorhersehen können, dass ihn diese Geschöpfe enttäuschen würden?, fragt der jüdische Exeget Jacob. »Und siehe, es war sehr gut«, lesen wir in Gen 1,31. »Gott hatte keinen Grund, das zu sagen«, kommentierte *Ernst Bloch*. Oder hat Gott alle Dinge fertig geschaffen, den Menschen aber auf Hoffnung hin? Dann ist die Menschenschöpfung zwar riskant, aber nicht ohne Vertrauensvorschuss. Dass Gott mit Noah eine neue Menschheit anfängt, zeigt, dass seine Hoffnung auf den gottentsprechenden Menschen seinen Enttäuschungsschmerz überwunden hat. »Die Güte des Herrn ist es, das mit uns noch nicht gar aus ist«, sagen die Klagelieder 3,22.

Die Erde war verderbt vor Gott, voll war die Erde von Frevel, und doch errichtet Gott einen Bund mit der Erde: »Ich will hinfort nicht mehr die Erde um der Menschen willen verfluchen«, und: »ich stifte einen ewigen Bund zwischen mir und allem Fleisch, das auf Erden ist«. Die Erde und das Leben bekommen eine ewige Verheißung, durch die sie zu Hoffnungsträgern werden, denn Gott erträgt das Verderben der Menschen und der Erde in der Geduld seiner Leidensfähigkeit. Um seiner selbst willen hält er seinen Geschöpfen die Treue.

13 Ebd. 552.

3. Was ist »nicht gut« in der Schöpfung im Anfang?

Wir lesen die Schöpfungsgeschichte immer vom Anfang, nicht vom Ende her. Am Ende steht die »neue Schöpfung«. Blicken wir vom Ende her auf die anfängliche Schöpfung, so erkennen wir ihre Defizite sofort. Es ist wirklich nur eine vor-läufige Schöpfung, die ewige Schöpfung kommt erst noch. Die neue, ewige Schöpfung kommt mit der Auferstehung Christi und dem damit einsetzenden Auferstehungsprozess für die ganze Schöpfung.

a. Die anfängliche Schöpfung endet mit der Erschaffung der Menschen, die neue Schöpfung beginnt mit den Menschen: »Ist jemand in Christus, so ist er eine neue Kreatur« (2 Kor 6, 17). Der erste Mensch war der *Sünde*, der Gottlosigkeit, und des *Bösen*, des Verderbens, fähig. Er hatte die Wahlfreiheit zwischen gut und böse, wie Augustin sagte: er hatte das *posse peccare*. Der in Christus neue Mensch verliert diese Fähigkeit zur Sünde und zum Bösen, seine Freiheit liegt allein im Guten: non posse peccare. Das ist eine größere Freiheit als die Wahlfreiheit zwischen Gut und Böse, denn die Freiheit zum Guten ist Lebenskraft und schafft Leben. Diese Freiheit zum Guten ist kommunikative Freiheit.

b. Das Leben in der neuen, ewigen Schöpfung ist eine Welt ohne Tod und Töten! »Und der Tod wird nicht mehr sein« (Offb 21,4). Es ist ewiges Leben im Licht der Herrlichkeit Gottes. Das gilt sowohl für den Menschen als auch für das Leben: Auch die Tiere werden auferweckt und neu geschaffen werden (1 Kor 15, 35-44), sonst könnte kein Löwe Stroh fressen. Zwar ist vom »Bruder Tod«, wie Franz von Assisi in seinem Sonnengesang ihn nennt, in den

ersten Schöpfungsberichten keine Rede. Der Tod ist nie ein »Bruder«, sondern immer ein Ende von Leben. Für Paulus ist der Tod der letzte »Feind« Gottes (1 Kor 15,26). Der Tod kam erst mit der Sünde in die Welt. Mit dem Verderben der Menschen kam die Lebensgrenze über sie, wie die Sintflutgeschichte erzählt. Aber die Erde hat auch Raubtiere hervorgebracht, wie ich annehme. Dass der Tod allein durch die Sünde der Menschen in die Welt kam, ist eine These, die nur zu halten ist, wenn man die Menschen- und die Tierwelt als eine Lebensgemeinschaft ansieht.
Sonst ist der Tod ein anderes Verderben als die Sünde.
In die Schöpfung im Anfang ragen Finsternis und das Chaos in jedes Geschöpf hinein als Gefahr seines Verderbens. Die anfängliche Schöpfung ist eine riskante Schöpfung, über dem Abgrund des Nichts gebaut.

c. »Und Gott sah, dass das Licht gut war. Da schied Gott das Licht von der Finsternis« (Gen 1,4). Diese Scheidung wird in der neuen Schöpfung aufgehoben: Das ewige Licht vertreibt die Finsternis aus der Schöpfung: Die himmlische Stadt Jerusalem wird von der Herrlichkeit Gottes erleuchtet und da wird »keine Nacht« sein (Offb 21,23-25). Das *geschaffene* Licht ist von der Finsternis geschieden wie Tag und Nacht, das *ungeschaffene* Licht der Herrlichkeit Gottes vertreibt die Finsternis und die Nacht. Die neue Schöpfung wird ganz im Licht Gottes glänzen.

d. Die Präsenz Gottes in seiner anfänglichen Schöpfung war der *Sabbat*. Mit seinem Ruhetag krönte Gott seine Schöpfung und jedes einzelne Geschöpf in ihr. Der Weltensabbat ist zugleich eine Verheißung auf die *Schechina* Gottes, seine Einwohnung in allem Lebendigen: »Siehe da, die Hütte Gottes bei den Menschen und sie werden sein Volk sein« (Offb 21,3). Paulus überhöht diese

Einwohnung Gottes noch ontologisch: »Gott wird alles in *allen* sein« (1 Kor 15,28). Wenn es auf dieses Ziel zulaufen soll, ist die Schöpfung im Anfang nur ein erster Schritt. Aber wie alle Anfänge hat er seinen besonderen »Zauber«, wie Hermann Hesse dichtete. Alles, was Gott im Anfang geschaffen, weist schon auf »das Ende« hin und hat Zukunft als Seinsqualität. Die Präsenz Gottes in seiner Schöpfung entscheidet über Anfang und Ziel seines schöpferischen Prozesses.

4. Christologische Deutung der neuen Schöpfung

Die Differenz der modernen Generationen zur urzeitlichen Generation liegt darin, dass es keiner Sintflut mehr bedarf, um die Menschheit zu verderben: *Die Menschheit schafft sich selbst ab*. Liegt darin ein göttliches Gericht?

Für Paulus offenbart Gott seinen Zorn über die Menschen, dass er sie »*dahingibt*« an »die Begierden ihrer Herzen« (Röm 1,24) an ihre schändlichen Leidenschaften (Röm 1,26), an ihren »verkehrten Sinn« (Röm 1,28).

»Die sich für Weise hielten, sind zu Narren geworden« (Röm 1,22). Sie tun, was nicht recht ist. Das könnte man heute übertragen auf die Globalisierung der Selbstgefährdungen der Menschheit: »und Gott schweigt«.

Wo bleibt die *Schöpfertreue* Gottes, von der die Noahgeschichte erzählt?

Sie ist sichtbar in der *Menschwerdung Gottes*. Ausgerechnet in dem Geschöpf, das geschaffen zu haben, Gott vor der Sintflut »bereut«!

Gott erscheint in der Welt seiner irdischen Geschöpfe ausgerechnet in dem enttäuschenden und verdorbenen Geschöpf. Das ist ein unbedingtes JA zu diesem Geschöpf »Mensch« und ein NEIN zu allen Selbstgefährdungen und Selbstabschaffungen der modernen Menschheit.

Sie ist sichtbar in der *Hingabe des menschgewordenen Sohnes* Gottes an den Tod durch die gottlosen »Mächte und Gewalten«. Damit kommt der »dahingegebene« Sohn Gottes zu der »dahingegebenen« Menschheit und zeigt ihnen Gottes Erbarmen. »Der auch seines eigenen Sohnes nicht hat verschont, sondern hat ihn für uns alle *dahingegeben* – wie sollte er uns mit ihm nicht alles schenken?« (Röm 8,33). Die Gottlosen sind nicht mehr gottverlassen: der verlassene und dahingegebene Sohn Gottes ist bei ihnen. »Nichts kann uns scheiden von der Liebe Gottes, die Christus Jesus ist« (Röm 8,39).

Wie mit Noah, dem einen Gerechten, fängt Gott in den Zeiten der Selbstabschaffung der Menschen mit *dem Einen seine ewige Schöpfung an*: Die *Auferstehung* des für alle dahingegebenen Christus. In seiner Auferweckung ist die Fülle des Lebens erschienen auf dieser blutigen und leidgeprüften Erde. Das »Leben der zukünftigen Welt«, wie das Bekenntnis sagt, hat schon begonnen. Die »Kräfte der zukünftigen Welt« werden schon ausgegossen. Es sind die *Lebenskräfte* zum *Widerstand* gegen den Massentod.

KAPITEL 2: WER IST DER MENSCH? VON DER ANTHROPOZENTRISCHEN ZUR KOSMISCHEN ANTHROPOLOGIE

Nach einem Dialog mit dem konfuzianischen Philosophen Tu Weiming im Beijing Forum 2010 über die Harmonie der menschlichen Kultur und der Natur der Erde[1] trat ich hinaus in die 5-Millionen-Supercity von Peking und fand keine Natur. In den Hochhausgebieten haben Menschen keine Erdberührung und die Sonne sehen sie im Smog der Abgase auch nicht mehr. Sie existieren ganz in der menschengemachten Welt der Stadt. Dann fuhr ich hinaus zum Tanzhesi Kloster und erkannte die alte chinesische Harmonie von Kultur und Natur im Kult. Das uralte buddhistische Kloster liegt am Ende eines Tales, eingebettet in bewaldete Berge. Seine geschwungenen Dächer entsprechen hängenden Tannenzweigen. Die Proportionen der Tempelanlage stimmen mit den Höhen und Tälern der Landschaft überein. Im Kloster werden Jahrtausende alte Bäume gepflegt. Sie verwurzeln den Kult tief in der Erde und waren wohl einst als heilige Bäume verehrt. Dieses Tanzhesi Kloster wurde

1 Beijing Forum 2010. The Harmony of Civilizations and Prosperity for all. Commitments and Responsibilities for a Better World, November 5-7, 2010, Beijing.

im dritten Jahrhundert gegründet und war lange vor der Stadt Peking das Zentrum der Landschaft und der hier beheimateten Menschen. Bietet diese alte Harmonie von Kultur und Natur im Kult ein gutes Vorbild für die Zukunft von Mensch und Erde in einem postindustriellen, ökologischen Zeitalter? Es wäre dann ein Bild des Widerspruchs gegen die gegenwärtige Entwicklung, denn die Flucht der Menschen aus dem Dorf in der natürlichen Landschaft zu der menschengemachten Supercity hält ungebrochen an. Die Urbanisierung hat schon mehr als 50 % der Menschheit erreicht, auch in China. Zentralismus bestimmt die moderne Globalisierung. In Asien und Afrika wachsen die Super und Megacitys mit riesigen Slumvorstädten und eine Umkehr ist nicht in Sicht.

Was bedeutet das für das Selbstverständnis der Menschen? Ist das eine Folge der westlichen Selbstbefreiung des Menschen von der Naturabhängigkeit und seiner wachsenden Beherrschung der Naturkräfte? Ist der Mensch, wie es im Westen geglaubt und seit Jahrhunderten praktiziert wird, zur Herrschaft über die Natur bestimmt, oder ist er, wie in Asien immer geglaubt und praktiziert wurde, ein Teil der Natur und also zur Integration in die natürlichen Zusammenhänge des Lebens bestimmt? Liegt die Menschenwürde in der Sonderstellung des Menschen im Kosmos oder ist sie sein Anteil an der Würde aller Geschöpfe auf der Erde?

Ich will in diesem Kapitel die Entwicklung der zuerst christlichen, dann westlichen und heute modernen Anthropologie nachzeichnen, um nach ihrer Wirkung für die Natur und die Menschen selbst zu fragen. Im Teil II entwerfe ich eine christliche, nicht anthropozentrische, kosmische Anthropologie, wie sie von Tu Weiming in seiner konfuzianischen Tradition versucht wird.

I. Anthropozentrische Anthropologie

1. Der Mensch als Herrscher

Wir beginnen mit der Wirkungsgeschichte der Schöpfungsgeschichte Israels:

> »Und Gott schuf den Menschen zu seinem Bild; zum Bild Gottes schuf er ihn, und schuf sie als Mann und Frau« (Gen 1,27).[2]

»Ebenbild Gottes« ist ein orientalischer Herrschertitel. Nur der König ist Gottes Bild auf Erden und sein Stellvertreter gegenüber seinem Volk. Das verleiht ihm absolute Autorität und fordert von seinen Untertanen totalen Gehorsam. Er ist nur den Göttern verantwortlich, denn er gehört zu ihnen. Niemandem sonst ist er rechenschaftspflichtig. Wird er von den Göttern verstoßen, ist das sein Ende.

Im Kontext altorientalischer Herrschaft ist dieser Text aus Israels Schöpfungsgeschichte revolutionär zu nennen, denn er überträgt die Herrschaftsideologie von einem Herrscher auf alle Menschen, und zwar schon damals gleichermaßen Männer und Frauen:

> »Und Gott sprach: Lasst uns Menschen machen, ein Bild, das uns gleich sei, die da herrschen über die Fische im Meer, die Vögel unter dem Himmel und über alle Tiere des Feldes ...« (Gen 1,26).

Diese Bestimmung ist in zweifacher Weise revolutionär:

2 Claus Westermann, Genesis, Neukirchen 1974, 203 ff; Leo Scheffczyk (Hg), Der Mensch als Bild Gottes, Darmstadt 1969; Jürgen Moltmann, Gott in der Schöpfung, München 1985, IX: Gottes Bild in der Schöpfung: Die Menschen, 222-235; Mensch, Stuttgart 1971.

1. Jeder Mensch, ob jung oder alt, Mann oder Frau, weiß oder schwarz, behindert oder nichtbehindert und welche Unterschiede es sonst noch geben mag, ist als Ebenbild Gottes zu achten. Damit wird die gottgewollte und essentielle Gleichheit aller Menschen ausgedrückt. Der göttliche Herrscher, der »Sohn des Himmels«, wird humanisiert und demokratisiert. Alle Menschen sind von göttlichem Geschlecht und Töchter und Söhne Gottes. Alle werden auf die Ebene der Herrscher gehoben.

2. Alle Menschen sind gemeinsam zur Herrschaft über die anderen Lebewesen und diese Erde bestimmt. Die Herrschaft über die Erde (dominium terrae) wird sozialisiert. Psalm 8 ist eine Spitzenerklärung:

> »Du hast ihn wenig niedriger gemacht als Gott ... Du hast ihn zum Herrn gemacht über Deiner Hände Werk, alles hast Du unter seine Füße getan« (Ps 8,6-7).

»Macht euch die Erde untertan«. Hier ist das Bild der thronende Pharao, der seine unterworfenen Feinde unter seinen Füßen hat; ein durchaus aggressives Bild: Wie der Pharao seine Feinde besiegt, so soll der Mensch die Erde mit ihren Lebewesen besiegen und sich unterwerfen. Aber es ist »der Mensch«, das heißt: alle Menschen gemeinsam, nicht ein Volk oder eine Rasse oder eine Klasse oder ein Despot. Solange es solche ungerechten Machtverhältnisse in der Menschheit gibt, ist diese göttliche Bestimmung der Menschen nicht erfüllt, sondern wird verfehlt und pervertiert.

Man hat mit Recht auf die Lebensverhältnisse der Menschen hingewiesen, die vor 2500 Jahren diese Texte verfasst haben.[3] Es

3 Gerhard von Rad, Theologie des Alten Testaments, Band I, München 1957, 177ff.

waren Israeliten in der babylonischen Gefangenschaft. Diese Texte waren die Herrschaftsträume der Erniedrigten und Heimatlosen. Die Erde »untertan« zu machen, bezog sich vor allem auf Ackerbau und Viehzucht, nicht auf Ausbeutung von Bodenschätzen, denn Bergwerke gab es erst in Anfängen. Allgemein gesehen wurden diese Herrschaftsträume von Menschen verfasst, die sich ihrer Naturabhängigkeit sehr bewusst waren. Sie waren den Krankheiten wehrlos ausgeliefert und von unverstandenen Naturkräften umgeben. Ihre Lebenserwartung war vergleichsweise kurz. Darum wird man diese »Imago-Dei«- und »Dominium terrae«-Anthropologie auch als Protestbewegung und eine Theologie der Befreiung der Menschen von den vielfältigen Naturabhängigkeiten deuten können: Nicht die Natur soll die Menschen, sondern die Menschen die Natur bestimmen.

Die Prozesse, die mit den anthropologischen Grundaussagen der Schöpfungsgeschichte Israel angestoßen sind, haben weitreichende Folgen gehabt und sind mitnichten schon erfüllt:

3. Wie Aids, Krebs, Erdbeben, Tsunamis und andere Naturkatastrophen beweisen, hat sich die Menschheit bei weitem noch nicht die Erde untertan gemacht, jedenfalls gehorcht ihr die Natur nicht.

4. Die Humanisierung und Demokratisierung der Herrschaft über die Erde ist trotz vieler Revolutionen der Freiheit und Gleichheit immer noch ein unerreichtes Ideal. Solange es Herrschaft von Menschen über Menschen gibt, ist noch nicht »der Mensch« als »Bild Gottes« auf der Erde erschienen.[4]

4 Das zeigt die Prophetie Daniels vom kommenden »Menschensohn« Kapitel 7 und die Menschensohn-Christologie des Neuen Testaments.

5. Solange diese Herrschaft nicht gemeinsam in sozialer Gerechtigkeit und rechtlicher Gleichheit ausgeübt wird, wird die göttliche Bestimmung der Menschheit verfehlt. Nicht der »Mensch«, den Gott mit »Ehre und Herrlichkeit krönt« (Ps 8,5), sondern der Unmensch herrscht mit gottlosem Unrecht und mit Gewalt, nicht mit der Gerechtigkeit, die Gott entspricht. Wollte man die revolutionäre Übertragung der Gottebenbildlichkeit von singulären Herrschern auf alle Menschen fortsetzen, so wäre es an der Zeit, alle Geschöpfe Gottes als »Bild Gottes« zu achten und damit die Herrschaft der Menschen über die Erde in die Schöpfungsgemeinschaft der Erde aufzuheben.

2. In der Mitte der Welt

Die christliche Theologie hatte die Welt hierarchisch in Stufen des Seins aufgeteilt: Im Menschen findet sich das imago Dei, in allen anderen Lebewesen nur vestigia Dei. Die Renaissance trieb dieses Bild weiter: Der Mensch stellte sich in den Mittelpunkt der Welt. Der klassische Text findet sich in Giovanni Pico della Mirandola: Über die Würde des Menschen, 1486.[5] Der Philosoph gehörte zum Kreis des »Machtmenschen« Lorenzo Magnifico in Florenz, zu dem auch Machiavelli gehörte, und beginnt seine Abhandlung mit einem Zitat des islamischen Gelehrten Abdallah: »Nichts gibt es in der Welt, das bewunderungswürdiger ist als der Mensch.« Er sieht den Menschen »aus der Reihe des Universums hervorschreiten, beneidenswert nicht nur für die Tiere, sondern auch für die Sterne, ja sogar für die überweltlichen Intelligenzen«, gemeint sind die Engel.

5 Pico della Mirandola, Über die Würde des Menschen, Zürich 1988.

Damit beginnt in Europa eine messianische Anthropologie. Gott hat den Menschen in die Mitte der Welt gesetzt und sagt zu ihm:

> »Den übrigen Wesen ist ihre Natur durch die von uns (scil. Gott) vorgeschriebenen Gesetze bestimmt und wird dadurch in Schranken gehalten. Du aber bist durch keine unüberwindlichen Schranken gehemmt, sondern du sollst nach deinem eigenen freien Willen, in dessen Hand ich dein Geschick gelegt habe, sogar jene Natur dir selbst vorherbestimmen. Ich habe dich in die Mitte der Welt gesetzt, ... damit du als dein eigener, vollkommen frei und ehrenhalber schaltender Bildhauer und Dichter dir selbst die Form bestimmst, in der du zu leben wünschst« (10 f).

Diese »Mitte der Welt« ist nicht nur die Mitte der Erde, sondern auch die Mitte zwischen Himmel und Erde. Als Ebenbild des Schöpfers ist der Renaissancemensch ein »Schöpfer seiner selbst« und – wie heute – seine eigene Erfindung. Die Welt steht unter dem gesetzlichen Zwang der Notwendigkeit, der Mensch aber ist ihr freier Herr. Tiere und Engel warten auf die Erscheinung dieses göttlichen Geschöpfes »Mensch«, das sich seine eigene Welt schafft. Diese Erhöhung des Menschen zum höchsten Wesen ist mit einer Abwertung aller anderen Wesen verbunden. Der Mensch gewinnt seine schöpferische Freiheit auf Kosten der Unfreiheit der anderen Geschöpfe. Die Welt spricht nicht mehr die Sprache der »Spuren« und »Zeichen« Gottes, sondern wird durch vorgeschriebene und erkennbare Gesetze bestimmt. Darin liegt die Geburt der Modernen Welt und der Beginn der Neuzeit: Die Natur wird als ein Mechanismus angesehen und die Naturerkenntnis wird auf Mathematik reduziert. Der Mensch wird zum »Maß aller Dinge« und zum Erfinder seiner selbst und seiner eigenen Welt. Darin besteht sein moderner »Gotteskomplex« (H.E. Richter).

3. Herr und Eigentümer der Natur

Der Siegeszug der modernen Naturwissenschaft und Technologie begann mit Rene Descartes in Frankreich und Francis Bacon in England.[6] Descartes teilte die Welt in das denkende menschliche Subjekt und ausgedehnte materielle Objekte ein: Res cogitans und res extensa. Mit der Subjektivierung des Menschen wurde die Natur der Objektivierung ausgeliefert.

Durch Naturwissenschaft und Technik sollen Menschen nicht nur zu autokratischen »Herren«, sondern auch zu kapitalistischen »Eigentümern der Natur« werden, sagte er in seinem Buch »Über die Methode«.[7] Indem der Mensch sich das »herrenlose Gut« der Natur aneignet, wird er ihr Eigentümer. Indem sich Einzelne das Gemeineigentum aneignen, entsteht der moderne Kapitalismus. In der Natur sieht der Mensch nur Objekte, deren hervorragende Eigenschaft ihre messbare Ausdehnung ist. Diese Reduzierung, der Naturerkenntnis auf die Vermessung der Welt wurde zur Grundlage moderner Naturwissenschaft.

Im Menschen selbst koexistiert eine denkende Seele mit einem ausgedehnten Körper. Descartes suchte die Verbindung irgendwo im Gehirn, konnte sie aber logischerweise an keinem ausgedehnten Ort finden. Was übrig blieb, war die Objektivierung der Leiblichkeit menschlicher Existenz zum Körper, den die denkende Seele zeitweilig von seiner Geburt bis zu seinem Tod »hat« und besitzt. Sein Schüler, der französische Arzt LaMettrie machte daraus das Bild vom »L'Homme machine« (1748).

Das mechanistische Weltbild beherrschte auch das Selbstverständnis des Menschen. Das 17. Jahrhundert war an den europäi-

6 Alexandre Koyre, Von der geschlossenen Welt zum unendlichen Universum, Frankfurt 1969.

7 Rene Descartes, Discours de la Methode (1692), Mainz 1948.

schen Höfen auch das Zeitalter der Uhrwerke und Automaten, so wie wir heute im Zeitalter der Computer und Roboter leben.

Von Francis Bacon kam der Ruf, der bis in meine eigene Jugend hinein die Schule prägte: »Wissen ist Macht!« – also »lerne«. Francis Bacon verband den wissenschaftlich-technischen Machtgewinn über die Natur mit einem Erlösungstraum: Der Mensch wurde zur Herrschaft über die Erde geschaffen. Durch den Sündenfall verlor er diese gottbestimmte Herrschaft. Durch Naturwissenschaft und Technik gewinnt er die »restitution and reinvesting (in great part) of man to the sovereignty and power ... which he had in his first state of creation«.[8] Durch wissenschaftliche Naturbeherrschung wird also nichts Geringeres als die Gottebenbildlichkeit der Menschen wiederhergestellt. Der »moderne Mensch« ist der durch Naturwissenschaft erlöste, rationale, göttliche Mensch. Das ist der moderne Messianismus – der menschengemachten Maschinenwelt.

4. Das Waisenkind der Natur

Es gab immer auch die andere Seite der Aufklärung und der Modernen Welt: die romantische Bewegung und ihre Naturphilosophie.[9] In ihr wird der Verlust der Natur beklagt, die mit der Befreiung von ihr einhergeht. Der gottgleiche Beherrscher der Natur ist zugleich das vernachlässigte Waisenkind der Natur. Dafür hat Johann Gottfried Herder in seiner Schrift »Über den Ursprung der Sprache« 1770 den klassischen Text der deutschen Tradition geschrieben.[10] Wie Pico della Mirandola geht er davon aus, dass das Tier umwelt-

8 Zitiert nach W. Leiss, The Domination of Natur, New York 1972, 48 ff.

9 Rüdiger Saffransky, Romantik, München 2007.

10 Johann Gottfried Herder, Über den Ursprung der Sprache (1779), Berlin 1959.

gebunden ist, der Mensch jedoch »keine so einförmige und enge Sphäre, wo nur eine Arbeit auf ihn warte«, hat, sondern: »Eine Welt von Geschäften und Bestimmungen liegt um ihn her« (18 f). Der Mensch ist weltoffen und frei. Aber das ist für Herder keineswegs nur ein Vorzug des Menschen wie für Pico della Mirandola, sondern auch ein Mangel:

> »Lücken und Mängel können doch nicht der Charakter seiner Gattung seyn: – oder die Natur war gegen ihn die härteste Stiefmutter, da sie gegen jedes Insekt die liebreichste Mutter war. Jedem Insekt gab sie, was und wieviel es brauchte: Sinne zu Vorstellungen, und Vorstellungen in Triebe gediegen ... Bei dem Menschen ist alles in dem größten Missverhältnis – Sinne und Bedürfnisse, Kräfte und Kreis der Wirksamkeit, der auf ihn wartet, ...« (21).

Und, so führt er aus, hat der Mensch zum Ersatz für seine natürlichen Mängel die Sprache bekommen, und anstelle der mangelnden Instinkte die Freiheit, um die Mängel durch bewusste Handlungen zu ersetzen. Bis ins 20. Jahrhundert ging eine Tradition der deutschen Anthropologie von dem Menschen als einem natürlichen Mängelwesen aus, das seine Defizite durch Kulturleistungen kompensieren muss.[11] Der Mensch ist nach dieser Einsicht in die condition humaine nicht Herr und Eigentümer der Natur, sondern ein unfertiges Wesen, das durch bewusste Kulturleistungen die Vollkommenheit der Tiere, ihre Umweltgeborgenheit und Instinktsicherheit zu erreichen sucht. Der Mensch – das unvollkommene Geschöpf: »Jede Ameise kennt die Formel ihres Ameisenbaus; jede Biene kennt die Formel ihres Bienenstocks. Sie kennen sie auf ihre Weise. Nur der Mensch kennt seine Formel nicht«, schrieb Dosto-

11 Arnold Gehlen, Urmensch und Spätkultur. Philosophische Ergebnisse und Aussagen, Bonn 1959.

jewski dazu und stimmte Nietzsches Definition zu: »Der Mensch – das nicht festgestellte Tier«.[12] Daraus folgt die politische Kulturaufgabe, den Menschen „festzustellen« und das Risiko seiner Freiheit abzuschaffen.

Diese romantische Klage über die »Stiefmutter Natur« drückt das gestörte Naturverhältnis des modernen Menschen sehr gut aus. Seine Kultur wird als seine Ersatznatur aufgefasst. Ihr Ziel kann nicht die unbestimmte Freiheit der Menschen sein, sondern nur deren Abschaffung: In seiner Gesellschaft muss der Mensch so institutionalisiert und »festgestellt« werden wie das Tier in seiner artspezifischen Umwelt. Das ist die »schöne, neue Welt« der globalen Kultur einer »harmonischen Gesellschaft«.

Es gehört zu dieser romantischen Kehrseite der Aufklärung und der modernen Gesellschaft, wenn der junge Karl Marx als Endziel der menschlichen Geschichte konstatiert:

> »Also die Gesellschaft ist die vollendete Wesenseinheit des Menschen mit der Natur, die wahre Resurrektion der Natur, der durchgeführte Naturalismus des Menschen und der durchgeführte Humanismus der Natur«.[13]

Durch den Rabbi Moses Heß kam eine Unterscheidung in die deutsche philosophische Anthropologie, die sich bis heute durchgehalten hat: die Unterscheidung der Kategorien Haben und Sein.[14] Wendet man sie auf den Menschen selbst an, kann man sagen: Ich bin Leib und ich habe einen Körper. Das Subjekt Mensch ruht in sich selbst und steht sich doch zugleich gegenüber. Das nannte

12 Friedrich Nietzsche, Jenseits von Gut und Böse, III Das religiöse Wesen, Hamburg 1956.

13 Karl Marx, Die Frühschriften, hg. Siegfried Landshut, Stuttgart 1953, 237.

14 Siehe Erich Fromm, Haben oder Sein. Frankfurt 1976.

Helmuth Plessner die »exzentrische Position« des Menschen.[15] In seiner Spontaneität ist er mit sich einig, in seiner Reflexion tritt er sich gegenüber und macht sich zum Gegenstand seiner Beobachtung. Der Unterscheidung von Sein und Haben liegt auch die Kapitalismuskritik von Karl Marx zugrunde: Die kapitalistische Welt verwandelt alles menschliche Sein ins Haben von Waren und entfremdet damit den Menschen von sich selbst. In der käuflichen Warenwelt gibt es kein authentisches menschliches Sein. An ihre Stelle soll eine »Assoziation« treten, »worin die freie Entwicklung eines jeden die Bedingung für die freie Entwicklung aller ist«, wie es so liberal im letzten Satz des »Kommunistischen Manifest« heißt.

Der wissenschaftliche und technische Materialismus verwandelt die Natur in einen menschlichen Herrschaftsbereich des Ausbeutens und Habens. Dafür reduziert der philosophische Materialismus die Natur auf die berechenbare mechanische Bewegung: »Die Sinnlichkeit verliert ihre Blume und wird zur abstrakten Sinnlichkeit des Geometers«. Der dialektische Materialismus des jungen Marx sieht dagegen die »Bewegung« als die vorzüglichste Eigenschaft der Materie, aber nicht als mechanische und mathematische Bewegung, sondern als »Trieb, Lebensgeist, Spannkraft, als Qual ... der Materie«.[16] Er nimmt den Ausdruck »Qual der Materie« von dem spätmittelalterlichen Mystiker Jakob Böhme auf, der damit das »Seufzen der Kreatur« nach Erlösung von der Vergänglichkeit aufnahm, das der Apostel Paulus im Römerbrief Kap. 8 beschrieben hatte. »Religion« ist für Marx »der Seufzer der bedrängten Kreatur«. Damit wird der »dialektische Materialismus« von Marx in einer seiner Eigenschaften auch zu einer Welterlösungslehre.

15 Helmuth Plessner, Conditio humana. Einleitung und Prophyläen-Weltgeschichte, Berlin 1961.

16 Karl Marx, Die Frühschriften, hg. Siegfried Landshut, Stuttgart 1953, 330.

5. Höhepunkte philosophischer Anthropologie in Deutschland im 20. Jahrhundert: Max Scheler und Arnold Gehlen

Ich schließe die kurze Darstellung der christlichen, der westlichen und der modernen anthropozentrischen Anthropologie mit zwei deutschen Positionen ab. Max Scheler pries 1927 noch einmal die »Sonderstellung des Menschen im Kosmos«[17], während Arnold Gehlen dem menschlichen Mängelwesen in »Urmensch und Spätkultur« 1956 durch eine Gesellschaft fester kultureller Institutionen zur Ersatzerfüllung verhelfen wollte.[18] Beide gingen von dem Kulturschock des 1. Weltkriegs in Europa aus und waren von der durch das vierjährige Morden auf den Schlachtfeldern aufgeworfene Frage bewegt: »Was ist der Mensch?« »Zu keiner Zeit der Geschichte (ist) der Mensch sich so problematisch geworden wie in der Gegenwart«, schrieb Max Scheler. Aber es war doch nur die Gegenwart des europäischen Menschen, und der ist sich selbst immer »problematisch« gewesen. Die Unruhe und das Verlangen, das Geheimnis, das er sich selbst ist, aufzudecken, kennzeichnet den christlichen, den westlichen und den modernen Menschen. Er ist zugleich eine Hoffnung und ein Risiko für den »Rest der Welt«.

Max Scheler begründet die Sonderstellung des Menschen im Kosmos durch seine Unterscheidung vom Tier: Das Tier ist umweltgebunden und von seinen Instinkten geleitet; der Mensch aber

17 Max Scheler, Die Stellung des Menschen im Kosmos, München 1947. Die Schrift geht zurück auf einen Vortrag mit dem Titel »Die Sonderstellung des Menschen« 1927. Wolfhart Pannenberg knüpft in seiner Anthropologie an Schelers Schrift an, indem er die Weltoffenheit des Menschen zur Gottoffenheit erweitert. Dieser augustinische Gedanke ist bei Scheler schon angelegt: Was ist der Mensch? Die Anthropologie der Gegenwart im Lichte der Theologie, Göttingen 1981 6, 12: »Die Weltoffenheit des Menschen setzt eine Gottbezogenheit voraus«.

18 Arnold Gehlen, Urmensch und Spätkultur. Philosophische Ergebnisse und Aussagen, Bonn 1956.

ist weltoffen und zu bewussten, freien Handlungen fähig. Das ist seine berühmte Formel: »Menschwerdung ist Erhebung zur Weltoffenheit kraft des Geistes«.[19]

Alles, was das Tier von seiner Umwelt merken und fassen kann, liegt in den sicheren Zäunen und Grenzen seiner Umweltstruktur. Der Mensch aber hat durch seine Offenheit zur Welt diesen Umweltbann abgeschüttelt. Daraus folgt, dass seine Triebüberschüssigkeit stets unbefriedigt bleibt. Die dadurch entstehende »Leere des Herzens« wird zu einer »unendlichen Leere«. Der Mensch ist auf das Transzendieren der jeweils gegebenen Wirklichkeit angelegt, denn seine Weltoffenheit ist im Grunde seine Gottoffenheit, wie Augustin schon sagte: »Du hast uns zu Dir hin geschaffen, und unser Herz ist unruhig in uns, bis es Ruhe findet in Dir«. Selbsttranszendenz und das stets unbefriedigte Streben nach dem Neuen wurden zu Kennzeichen des christlichen, des westlichen und des modernen Menschen in welcher säkularen Form heute auch immer.

In welchem Verhältnis steht dieser »Mensch« zur Natur? Nach Max Scheler kommt in der Erhebung des Menschen zur Weltoffenheit kraft des Geistes die Natur auf der Leiter des Materiellen, Vegetativen, Organischen und Tierischen zum Bewusstsein ihrer Selbst. Sie fasst sich im Menschen zur höchsten Blüte. Es hat den Eindruck, als gäbe es »eine Stufenleiter, auf der ein urseiendes Sein sich im Aufbau der Welt immer mehr auf sich selbst zurückbeugt, um auf immer höheren Stufen und in immer neuen Dimensionen sich seiner selbst inne zu werden – um schließlich im Menschen sich selbst ganz zu haben und erfassen«.[20] Damit ist Scheler bei Hegel angekommen: Im menschlichen Bewusstsein kommt der absolute Geist zu sich selbst, indem er sich seiner selbst bewusst

19 Scheler, 41.
20 Scheler, 44.90.

wird. Also ist der Mensch nicht nur die Krone der Schöpfung und der Höhepunkt der Evolution des Lebens, sondern auch ihr Vollender und der Erlöser aller anderen natürlichen Lebensformen, der vegetativen, der organischen und der tierischen Lebensformen, die auf seine Erscheinung gewartet haben. Das ist die moderne Position der idealistischen Konzeption des Menschen, die aus Renaissance und Aufklärung hervorgegangen ist.

Demgegenüber vertritt Arnold Gehlen die romantische Position der Aufklärung: Die Welt des Geistes, der bewussten Handlungen der Menschen und der Kultur sind keine »Erhebung zur Weltoffenheit«, sondern nur die unentbehrliche »Ersatzwelt« des von der Natur so vernachlässigten Lebewesens »Mensch«. Geist ist nur eine Art der Selbstheilung des am »Menschen« erkrankten Lebens. Der von Natur aus »weltoffene« Mensch schafft sich durch seine Kultur eine Ersatz-«Umwelt«. Seine natürliche Freiheit überführt der Mensch in habitualisierte Verhaltensweisen, aus denen die feste Institution seiner Kultur hervorgeht. »Alle Kulturen ruhen auf Systemen stereotypisierter und stabilisierter Gewohnheiten ... Eine Kultur wäre chaotisch, in der die potenzielle Variabilität der Handlungen ... zur Geltung käme«.[21] Die »Antriebsüberschüssigkeit« des Menschen ist lediglich seine »Instinktarmut«, seine Weltoffenheit nur ein Mangel an stabiler Umwelt, sein Geist offenbart eine Krankheit seiner Seele. Der total vergesellschaftete Mensch entledigt sich seiner Weltoffenheit, seiner Freiheit und seines Geistes. Er ist zum festgestellten Tier geworden.

Arnold Gehlen war über diese Konsequenzen seines anthropologischen Ansatzes offenbar selbst so erschrocken, dass er am Schluss seines Buches »Urmensch und Spätkultur«, das übrigens zuerst 1940 (in der Nazizeit) erschienen war, schrieb: »In der Welt

21 Gehlen, 22.23.

der Maschinen und Kulturwerte zerläuft das Leben wie Wasser zwischen den Fingern, die es halten wollen, weil es der Güter höchstes ist. Aus nicht lotbaren Tiefen heraus wird es in Frage gestellt.«[22] Es wäre m.E. sinnvoll gewesen, mit dieser transzendenten Infragestellung des Menschen zu beginnen, um seine Selbsttranszendenz, seine Freiheit, seine Weltoffenheit, seine Kultur, kurz: seinen Geist, als seine geschichtlichen Resonanzen auf den transzendenten Ruf zu erklären.

Im Rückblick auf diesen kurzen Durchgang durch die christliche, westliche und moderne philosophische Anthropologie fällt auf, dass sowohl die idealistische wie die romantische Anthropologie von einer Natur im fertigen Zustand ausgehen: Die Herrschaftsanthropologie reduziert die Natur auf den fertigen Mechanismus in einem geschlossenen System. Die romantische Anthropologie idealisiert die Natur zu einer vollkommenen Harmonie, die der Mensch durch kulturellen Ersatz für seine natürlichen Mängel erreichen soll. Natur aber ist kein geschichtsloser Zustand, sondern eine Wirklichkeit von eigener Dynamik. Die Geschichte der Natur ist so zukunftsoffen und alles Möglichen voll wie die Geschichte der Menschen.

Beide Anthropologien stützen und rechtfertigen den »modernen Menschen«.

6. Wer ist »der moderne Mensch«?

Wir stellen einige Eigenschaften zusammen, die jeder beobachten kann, ohne Anspruch auf Vollständigkeit:

22 Gehlen, 289.

1. Die modernen Menschen wohnen durchweg in den Großstädten und dort in Hochhäusern. »Natur« gibt es für sie nur im Park, auf der Urlaubsreise oder in TV-Tierfilmen.

2. Sie sind Individualisten, freiwillig oder notgedrungen. Familienbindungen und Traditionen werden zunehmend schwächer, weil die Familien nicht mehr an einem Ort zusammenleben.

3. Moderne Menschen sind in großer Zahl Singles. Mehr als 50 % der Großstadthaushalte in Deutschland sind Single-Haushalte. Alleinerziehende Elternteile nehmen zu.

4. Moderne Menschen müssen mobil und flexibel sein. Die Arbeit kommt nicht zu ihnen, sie müssen die Arbeit suchen. Sie können sich nicht mehr nur für einen »Beruf« ausbilden, sondern müssen für verschiedene »Jobs« bereit sein. Viele haben mehr als einen Job.

5. Moderne Menschen haben – wenn überhaupt – ein oder zwei Kinder, denn die City ist kinderfeindlich und biologisch gesehen nimmt die männliche Fertilität rapide ab. Das ist in Seoul ebenso wie in Atlanta oder Berlin. Gleichzeitig steigt die Lebenserwartung steigt. Je ärmer ein Volk ist, um so höher die Kinderzahl in den Familien. Die kinderarmen Industrieländer sind Einwanderungsgesellschaften. Das sind die Gründe für die modernen Völkerwanderungen.

6. Junge Menschen müssen systematisch denken lernen, denn die menschengemachte Welt der City besteht aus vielen Systemen: Verkehrssysteme, Kommunikationssysteme, ökonomische, finanzielle und politische Systeme. Sie müssen diese Systeme im

Überblick erfassen können, um sich ihnen anzupassen und sich ihrer zu bedienen. Moderne Menschen müssen richtig funktionieren, damit diese Systeme funktionieren können.

7. Modernes Denken ist auf die gleichzeitige Verfügbarkeit aller Informationen in der virtuellen Welt des Internets angelegt. Was in der Zeit nacheinander geschehen ist und geschieht, ist im virtuellen Raum allgegenwärtig und jederzeit abrufbar. Das systemische Denken im gleichen Raum wächst, das geschichtliche Denken in verschiedenen Zeiten lässt nach.

8. Modernes Leben in der Supercity fordert die Fernsinne der Menschen heraus: Hören und Sehen, und vernachlässigt ihre Nahsinne: Schmecken, Riechen und Fühlen – oder quält sie durch Fastfood, Abgase im Verkehr und berührungslosen Umgang in der menschlichen Kommunikation. Moderne Menschen führen eine zum großen Teil entsinnlichte Existenz. Durch Jogging und Wellness-Culture werden diese Defizite künstlich wettgemacht.

9. Die kulturellen Traditionen der Völker werden in der Supercity auf Folklore und Sehenswürdigkeiten für Touristen reduziert oder zum »Weltkulturerbe« erklärt. Die moderne Kultur ist überall dieselbe: in Peking und New York, in Moskau und Los Angeles – es bauen ja auch überall dieselben Stararchitekten. Die Hotels und Restaurants sind die gleichen, denn es sind dieselben Ketten. Die Shops liefern überall dasselbe internationale Angebot und verdrängen die lokalen, traditionellen Angebote. Gucci, Armani, Vuitton, Boss, Swarovski sind allgegenwärtig. Die moderne Welt uniformiert die modernen Menschen und wird immer langweiliger. Die Begegnung der traditionellen

Kulturen ist überall möglich, aber es sind dekorativ gemachte Kulturen, die irrelevant geworden sind.

10. Moderne Menschen können mit den traditionellen Natur- und Familienreligionen wenig anfangen. Die öffentlichen religiösen Bindungen lassen nach. Religion wird zur Privatsache, die säkulare Öffentlichkeit wird durch das Menschenrecht auf Religionsfreiheit beherrscht. Religion wird zur Sache eigener Erfahrung und freien Entscheidung für eine Kultgemeinschaft. Darum nehmen die traditionellen Kirchen, zu denen man »gehört«, ab und die Gemeinden, zu denen man »geht«, wachsen. Die Pfingstkirchen sprechen die modernen Menschen an, weil sie Glauben als eigene Erfahrung und attraktive Gemeinschaft als freie Entscheidung vermitteln. In der säkularen Stadt verschwindet Religion nicht, sondern wechselt nur das Gesicht.

II. Die Wendung zur kosmischen Anthropologie

Es gibt dazu einen etwas bösartigen Witz: Zwei Planeten treffen sich im Weltall. »Wie geht es Dir?«, fragt der Eine den Anderen. Der Andere antwortet: »Ach, ziemlich schlecht. Ich bin krank. Ich habe homo sapiens«. Tröstet der Eine ihn und sagt: »Das ist sehr unangenehm. Ich habe das auch gehabt. Aber das geht vorüber«.

Ist das Menschengeschlecht für den Planeten Erde wichtig? Ist unser Planet für den Kosmos wichtig? Gäbe es den Nachweis eines »starken anthropischen Prinzips«, dann könnten wir uns im Kosmos zuhause fühlen: »At Home in the Universe«, wie das Buch von

Stuart Kauffman heißt.[23] Gibt es aber diesen Nachweis nicht, und ich meine, es gibt ihn nicht, dann gibt das Universum uns auch keine Antwort auf unsere Existenzfrage, ob eine Menschheit da sein und überleben soll oder nicht.

Auf der Suche nach einer kosmischen Anthropologie beginnen wir nicht mit dem Menschen, um dann seine Umwelt oder seine Weltoffenheit zu verstehen, sondern beginnen mit seiner Umwelt und seiner Welt, um ihn zu verstehen.

Die »abrahamitischen Weltreligionen« werden gern als »Geschichtsreligionen« bezeichnet, um sie von den Naturreligionen zu unterscheiden. Sie beginnen, so sagt man, mit der Offenbarung Gottes in der menschlichen Geschichte, um Gott erst danach in der Welt der Natur zu entdecken. Damit ist im Prinzip der Anthropozentrismus gesetzt, nach dem das Menschliche zwischen dem Göttlichen und dem Natürlichen vermittelt. Wir haben hier die Stufen:

Himmel
Mensch
Erde

Eine andere Ordnung finden wir im chinesischen Tao te King:

»Der Mensch folgt der Erde,
die Erde folgt dem Himmel,
der Himmel folgt dem Weg (Tao),
der Weg folgt seiner eigenen Natur” (Kap. 25).

Nicht das männliche Schaffen, sondern das weibliche Gebären wird im Taoismus zum Symbol für die Entstehung der »zehntausend Wesen«:

23 Stuart Kauffman, At Home in the Universe, Oxford 1995.

»Der Anfang des Erdreichs
ist die Mutter der Dinge.
Wer die Mutter versteht,
versteht auch die Kinder« (Kap. 52).

Hier haben wir die Weltordnung:

Himmel
Erde
Mensch

Man muss die Erde, die Pflanzen und Bäume, die Wälder und Wiesen und die Tiere als »Mitgeschöpfe« verstehen, wenn man die Menschen in ihren natürlichen Zusammenhängen verstehen will, die das Leben der Erde im Zuge seiner Evolution hervorgebracht hat.

1. Die Schöpfungsgemeinschaft

1985 schrieb ich in meiner Schöpfungslehre: »Um den Menschen umfassend zu verstehen, müssen wir mit den Zusammenhängen und Umgebungen beginnen, in denen der Mensch auftritt und von denen er lebt: mit der Entstehung des Kosmos, der Evolution des Lebens und der Geschichte des Bewusstseins, nicht mit der kosmischen Sonderstellung des Menschen, seiner religiösen Gottebenbildlichkeit und seiner bewussten Subjektivität. Wir sprechen darum zuerst vom Menschen als Geschöpf in der Schöpfungsgemeinschaft, und bevor wir dieses Geschöpf als imago Dei verstehen, verstehen wir es als imago mundi, als einen Mikrokosmos, in welchem sich alle bisherigen Geschöpfe wiederfinden und der nur in Gemeinschaft mit allen anderen Geschöpfen existieren kann«.[24]

Diesen Gedanken der »Schöpfungsgemeinschaft« haben Larry Rasmussen und Richard Bauckham aufgenommen und weitergeführt.[25] Ich nehme an dieser Stelle meinerseits den Vorschlag von Richard Bauckham auf, in der Darstellung der biblischen Schöpfungslehre mit den reichen Schöpfungsbildern von Psalm 104 und Hiob 38 zu beginnen und die einseitig selektive Verwendung von Gen 1,26 vom Menschen als Bild Gottes und Herrn der Erde in der theologischen Tradition fallen zu lassen. Erst wenn sich der Mensch in der Lebensgemeinschaft der Erde erkennt, kann er sich selbst verstehen und seine ihm zugedachten Aufgaben erfassen.

Wir sind also zu einer Relecture der biblischen Traditionen genötigt, um die Fehlentwicklungen der christlichen Traditionen zu überwinden. Wir lesen diese Schöpfung »im Anfang« der Schöpfungsgeschichte hier im Licht ihrer Vollendung in der »neuen Schöpfung«, wie es die Propheten Israels verheißen und die Apostel Christi erfahren haben. Wir lesen die Schöpfungsweisheit Israels im Horizont der kosmischen Christologie nach dem Kolosserbrief und der Offenbarung des Johannes.

2. Die Größe der nichtmenschlichen Schöpfung

Hiob 38 - 40 ist die ausführlichste Darstellung der Schöpfung in der Bibel. Das Universum, das hier entfaltet wird, ist Gottes unermessliche, schöne und wilde Schöpfung, und sie ist nicht auf den Men-

24 Jürgen Moltmann, Gott in der Schöpfung. Ökologische Schöpfungslehre, München 1985, 194.

25 Larry Rasmussen, Earth Community. Earth Ethics, Genf 1996; Richard Bauckham, Bible and Ecology. Rediscovering the Community of Creation, London 2010.

schen und seine Sonderstellung oder seine Herrschaft bezogen. Sie existiert auch ohne Menschen. Der Leser wird mit Hiob eingeladen, in die Weite eines Universums und eines Lebens zu schauen, das nicht um des Menschen willen gemacht ist. Im Gegenteil: durch gezielte Fragen Gottes wird Hiob seine Bedeutungslosigkeit klar gemacht: »Wo warst Du, als ich die Erde gründete?« (Hiob 38,4) »Kannst Du die Bande des Siebengestirns zusammenbinden?« (Hiob 38,31); »Kannst Du der Löwin ihren Raub geben?« (Hiob 38,39) und so weiter. Und Hiob muss antworten: »Siehe, ich bin zu gering, was soll ich antworten?« (Hiob 40,4).

Angesichts der Größe der Schöpfung und der unbezähmbaren Naturkräfte wird bei den Menschen eine »kosmische Demut« hervorgerufen. Jede gottähnliche Hybris vergeht. Der Mensch ist kein göttlicher Herr der Erde, sondern ein kleines Mitgeschöpf angesichts der um ihrer selbst willen geschaffenen, reichen Schöpfungswelt.

Aus der Gottesrede über die Schöpfung spricht eine wilde Lust. Selbst an den Chaosmächten Behemoth und Leviathan hat der Schöpfer seine spielerische Freude.

Das Bild der Schöpfung in Hiob 38 - 40 ist weit entfernt von irgendeinem anthropozentrischen Weltbild. Des Menschen Gottebenbildlichkeit wird nicht einmal erwähnt. Dagegen werden die »Hochmütigen« und als solche »Gottlosen« verurteilt. Man hat auch nicht den Eindruck, dass hier von einer fertigen Schöpfung oder einem Urzustand die Rede ist. Man wird vielmehr in das kosmische Drama einer schöpferischen Lust Gottes hineingezogen. Aber nicht erst Gott selbst begrenzt den Menschen: Seine außermenschliche Schöpfung spricht für ihn und weist dem Menschen seine Grenzen auf. Gott offenbart dem Menschen seine Schöpfungswelt und durch sie wird der Mensch gedemütigt, auf seinen Platz verwiesen und erkennt seine Grenzen.

»Cosmic humility is a much needed ecological virtue«, schreibt Richard Bauckham.[26] Diese Demut vor der Natur ist heute wichtiger als »die Bewahrung« der Schöpfung oder das »Bebauen« (Gen 2,15). Unter dem Titel der »Verantwortung« verbirgt sich ebenso oft nur ein Machtanspruch wie unter dem Titel des »Dienens« und der »stewardship«.

Das Schöpfungsbild von Hiob 38-40 entspricht bei aller Poesie durchaus unseren modernen Erfahrungen: 1. Je mehr wir wissen, desto mehr wissen wir auch, wie wenig wir von der Welt wissen. 2. Je mehr wir mit moderner Technik machen können, um so mehr erkennen wir auch, was wir mit ihr nicht machen sollten. Hybris oder der moderne »Gotteskomplex« sind keine Tugenden eines Wissenschaftlers, Demut angesichts der Geheimnisse der Natur ist eine.

3. Ordnung der Schöpfungsgemeinschaft

Während Hiob 38-40 als Lehrgespräch Gottes mit Hiob stilisiert ist, bietet Psalm 104 einen Schöpfungshymnus.[27] Verse 1-4 preisen den Schöpfer aller Dinge, der in den Elementen seiner Schöpfung lebt und sich ihrer bedient: »Licht ist das Kleid, das Du anhast ... Deine Gemächer sind über den Wassern ... Du fährst auf den Wolken ... reitest auf den Schwingen des Windes ... machst Feuer und Flammen zu Deinen Boten«. Gottes Energien sind in den genannten Geschöpfen.

Dann geht es um die Gemeinschaft der Geschöpfe der Erde: Menschen sind Geschöpfe der Erde unter vielen anderen Geschöp-

26 Bauckham, 46
27 Bauckham, 64-72.

fen. Alle Lebewesen nehmen an der gleichen Erde teil. Die Erde wird als eine beziehungsreiche und aufeinander angewiesene Erdgemeinschaft dargestellt, ökologisch gesagt: die Biosphäre der Erde enthält eine noch lange nicht erforschte Biodiversität. Diese Vielfalt des Lebens ist für die Erdgemeinschaft und die Erde als deren Ökosystem lebenswichtig. Der Schöpfer hat den Haushalt der Erde weise geordnet.

> »Herr, wie sind deine Werke so groß und viel. Du hast sie alle weise geordnet, und die Erde ist voll Deiner Güter« (Ps 104,24).

Was Psalm 104 darstellt, ist eine friedliche Natur. Alle leben vom Licht und Wasser und von der Ordnung der Tages- und Jahreszeiten, und was die Nahrung angeht, so ist genug für alle da.

> »Wenn du ihnen gibst, so sammeln sie. Wenn du deine Hand auftust, so werden sie mit Gutem gesättigt« (Ps 104,28).

Löwen und Menschen leben schiedlich-friedlich zusammen:

> »Du machst Finsternis, dass es Nacht wird,
> da regen sich alle wilden Tiere.
> Die jungen Löwen, die da brüllen nach Raub
> Und ihre Speise suchen von Gott.
> Wenn aber die Sonne aufgeht, heben sie sich davon
> Und legen sich in ihre Höhlen.
> Dann geht der Mensch aus an seine Arbeit
> Und an sein Werk, bis an den Abend« (Ps 104,20-23).

Alles lebt von dem lebenschaffenden Segen, der von dem »leuchtenden Angesicht Gottes« ausgeht. Die Lebenskraft, die in allen Lebewesen ist, ist wie der »Atem Gottes«. Gott atmet durch die ganze Schöpfung, und Menschen nehmen an diesem großen und vielfältigen Schöpfungsleben teil.

»Verbirgst du dein Angesicht, so erschrecken sie,
nimmst du weg ihren Odem, so vergehen sie
und werden wieder zu Staub.
Du sendest aus deinen Odem, so werden sie geschaffen,
und du erneuerst das Antlitz der Erde« (Ps 104,29-30).

Durch seinen schöpferischen Geist ist Gott seiner Schöpfungsgemeinschaft und jedem seiner Geschöpfe präsent. Gott schafft ständig neues Leben und erneuert das Antlitz der Erde. Der göttliche Geist wird an der Lebendigkeit erfahren und in der Emergenz des Neuen:

»Siehe, ich will ein Neues schaffen,
jetzt wächst es auf,
erkennt ihr es denn nicht?!« (Jes 43,39)

Der Mensch – ein Mitgeschöpf in der vielfältigen, auf den Lebensgeist Gottes angewiesenen Schöpfungsgemeinschaft. Von einer besonderen Gottebenbildlichkeit der Menschen und ihrer Herrschaft über die Erde ist hier nicht die Rede. Sie sollen auch nicht die Erde »bebauen und bewahren«. Sie sollen sich mit ihrem Anteil an Leben, Behausung, Nahrung und der Freude am Dasein begnügen. Aber da ist etwas anderes über die Menschen gesagt, nur über sie. Dieser Psalm über die gute und gesegnete Schöpfungsgemeinschaft schließt mit einem Fluch:

»Die Sünder sollen ein Ende nehmen auf Erden
und die Gottlosen nicht mehr sein« (Ps 104,35).

Wie Gott nach Hiob 38 die hochmütigen Menschen zur kosmischen Demut bringt, so sollen in Psalm 104 die Sünder, die sich von Gott und der Schöpfungsgemeinschaft absondern, und die Gottlosen, die sich an die Stelle Gottes setzen, von der Erde verschwinden, damit die Erde als Gottes Erde leben kann. Das ist der negative Bezug des Psalms auf die »Sonderstellung« des Menschen im Kosmos und vielleicht eine Erinnerung an die Tyrannen vor der Sintflut, die sich »Göttersöhne« nannten und die Erde mit Frevel überzogen (Genesis 6,5 und 31-32). Verlässt die Menschheit ihre geschöpfliche Rolle in der Schöpfungsgemeinschaft, dann wird sie von der Erde verschwinden. Menschen sind besonders gefährdete und gefährliche Geschöpfe, das ist ihre vielgerühmte »Sonderstellung«.

4. Die kosmische Christologie und die Weisheit des Kosmos

Wir kehren jetzt die Perspektive herum und interpretieren die Weisheit der Schöpfung, die im Alten Testament so reichhaltig beschrieben wird, im Licht des kosmischen Christus, wie er im Neuen Testament universal in allen Dingen geglaubt wird. Wir deuten damit das Frühere im Licht des Späteren. Das hat einen immanenten Grund: Im Neuen Testament wird Christus »der Erste und der Letzte, das Alpha und das Omega«, der Anfang und die Vollendung genannt (Offb 1,8). Das ist eine Aussage nach der Seinsordnung. Die Erkenntnisordnung ist umgekehrt: Weil der auferstandene Christus der »Letzte« ist, ist er auch »der Erste« der Schöpfung. Das Letzte in der Ausführung ist das Erste in der Absicht, wie schon Aristoteles bemerkte. Darum ist die Auferstehung Christi der Erkenntnisgrund für seine Inkarnation in diese Welt und deren Grund in seiner Präexistenz vor der Welt. Weil Christus der Anfang der Neuschöpfung aller Dinge zu ihrem wahren Wesen ist, muss er auch der Seinsgrund für ihre Existenz überhaupt sein. Das ist der eschatologische Rückschluss auf den Ursprung aller Dinge: Der Letzte ist auch der Erste.[28] Wir finden diese Logik im postpaulinischen Kolosserbrief:

> »Er ist der Anfang, der Erstgeborene von den Toten,
> damit er in allem der Erste sei« (Offb 1,18).
> »Er ist der Erstgeborene vor aller Schöpfung,
> denn in ihm ist alles geschaffen,
> was im Himmel und auf Erden ist,
> das Sichtbare und das Unsichtbare« (Offb 1,15.16).

Schon in den ursprünglichen Paulusbriefen – etwa 20 Jahre nach dem Tod Jesu geschrieben – findet sich diese Sicht Jesu Christi:

> »Wir haben nur einen Gott, den Vater,
> von dem alle Dinge sind und wir durch ihn,
> und einen Herrn Jesus Christus,
> durch den alle Dinge sind und wir durch ihn« (1 Kor 8,6).[29]

Christus, mit dessen Überwindung des Todes die Neuschöpfung aller Dinge beginnt, ist auch der Schöpfungsmittler, durch den alle Dinge existieren. Es ist darum sinnvoll, in der Osternacht die Schöpfungsgeschichte im Gottesdienst zu lesen, denn sie ist die erste Auferweckungsgeschichte, wie die Auferweckung Christi die neue Schöpfungsgeschichte ist.[30]

28 Pablo Carlos Sicouly, Schöpfung und Neuschöpfung, »Neuschöpfung« als theologische Kategorie im Werk Jürgen Moltmanns, Paderborn 2007.

29 Ich möchte hinzufügen: ... und einen Heiligen Geist, in dem alle Dinge sind und wir in ihm (oder: ihr).

30 Bauckham, 151-160.

Auch im Neuen Testament ist die göttliche Ordnung nicht anthropozentrisch, sondern kosmozentrisch gedacht: Zuerst der Kosmos – dann die Menschen. Das ist im Folgenden zu beweisen. Der auferstandene Christus lebt nicht erst in der Gemeinschaft der glaubenden Menschen, sondern auch schon im inneren Geheimnis des Kosmos. Er kommt nicht nur durch neugeschaffene Menschen (2 Kor 5,17) in die Welt, sondern auch durch die versöhnte Welt zu den Menschen. Die Kirche Christi ist die menschliche Repräsentation des Kosmos Christi, denn

> »Gott war in Christus
> und versöhnte den Kosmos mit sich selbst«. (2 Kor 5,19)

a) *Die Versöhnung des Kosmos:* Als der, durch den alle Dinge geschaffen sind, ist Christus auch der eine, durch dessen Lebenshingabe am Kreuz alle Dinge mit Gott »versöhnt« werden (Kol 1,20). Durch sein »Blut am Kreuz«, Symbol für seine Lebenshingabe, versöhnt Gott nicht nur gottentfremdete Menschen, sondern zuerst den gottentfremdeten und dadurch offenbar zerrütteten Kosmos. Das ist eine denkwürdige Vorstellung. Wie kann das historische Geschehen auf Golgatha kosmische Bedeutung haben? Dafür gibt es zwei Argumente: 1. Gott wollte, dass in Jesus »alle Fülle wohnen sollte« (Kol 1,19). In ihm wohnte »die Fülle der Gottheit leibhaftig« (Kol 2,9). Damit gewinnt das Geschehen transzendente Bedeutung. 2. Mit seiner Auferweckung wurde der gekreuzigte Christus zum Herrn des Kosmos eingesetzt: Er sitzt »zur Rechten Gottes«. Damit gewinnt das Geschehen auf Golgatha kosmische Dimensionen. Sein Friede erfüllt schon Himmel und Erde (1,20).
Braucht aber der Kosmos Versöhnung wie feindliche Menschen? Worin sollten die »Sünden« des Kosmos bestehen? Im Blick auf

den Kosmos handelt es sich nicht um schuldhafte »Sünden«, sondern um die Zerrüttung durch »die Mächte und Gewalten«, wie schon Paulus sie nennt, »Herrschaft, Macht und Gewalt« (1 Kor 15,24), »Reiche, Gewalt, Macht und Herrschaft«, wie Eph 1,20 sie nennt. Damit sind offenbar nicht nur die kosmischen Mächte gemeint, die in der antiken Welt gefürchtet und verehrt wurden, sondern auch die politischen Mächte und Gewalten, die Jesus gekreuzigt haben. Es sind die »herrenlosen Gewalten«, wie Karl Barth sie nannte, die diese Welt friedlos machen und an den Rand des Abgrunds bringen. Was geschieht mit ihnen, wenn der gekreuzigte Christus zum Herrn des Kosmos eingesetzt wird?

b) Die *Zusammenfassung des Kosmos*: Hier unterscheiden sich Paulus und seine Schüler: Nach 1 Kor 15,28 wird Christus zuletzt alle Herrschaft und alle Macht und Gewalt »vernichten«, wie er den »letzten Feind« Gottes den Tod »vernichten« wird, damit Gott »alles in allen sei«. Auch nach Kol 2,15 hat Gott schon »die Mächte und Gewalten ihrer Macht entkleidet und sie öffentlich zur Schau gestellt und einen Triumph aus ihnen gemacht in Christus«. Durch die Auferstehung des von ihnen gekreuzigten Christus ist ihnen die Macht über Menschen genommen, sie sind am Kreuz Gottes in ihrer Nichtigkeit offenbar geworden. Aber sie werden nicht »vernichtet«, sondern durch die kosmische Herrschaft Christi zurechtgebracht und geordnet: Er ist »das Haupt aller Mächte und Gewalten« (Kol 2,10). Diesen Vorgang nennt der Epheserbrief die anakephaleiosis ton panton (recapitulatio mundi; 1, 20): »Gott hat Christus von den Toten auferweckt und eingesetzt zu seiner Rechten über alle Reiche, Mächte, Herrschaft und was sonst einen Namen hat ... alles hat er unter seine Füße getan« (1,20-22).

Diese Zusammenfassung der ins Chaos abgleitenden kosmischen und weltgeschichtlichen Mächte ist die neue Weltordnung: »Es wird regiert« (Karl Barth).[31] Für die frühe Christenheit war dieser kosmische Friede wichtig, denn sie lebte in einer Welt der Vergötterung und Dämonisierung kosmischer Kräfte. Es sind uns keine interreligiösen Dialoge mit den vielen antiken Kulten überliefert. Offenbar griff das Evangelium vom kosmischen Frieden diese Kulte an der Wurzel an und machte sie überflüssig. Der Glaube an den kosmischen Frieden in Christus befreite die antike Welt von Naturangst und Naturvergötterung und verbreitete Vertrauen in die Weisheit des Kosmos und die Weltvernunft.

Das Evangelium vom kosmischen Frieden ist heute so aktuell wie damals: Wie sollen Menschen ein Leben bejahen und lieben können, das von Erdbeben, Tsunamis, Klimakatastrophen, Krebs und HIV heimgesucht wird?! Es macht gewiss einen Unterschied, ob Menschen unberechenbaren Naturkatastrophen ausgeliefert sind, oder ob die Erde zur Müllhalde unberechenbarer Menschen verkommt. Aber es ist das gleiche Evangelium des kosmischen Friedens. Wir existieren weder in einem beherrschbaren noch in einem undurchschaubaren noch in einem sinnlosen Kosmos. Wir existieren in einem versöhnten und durch göttliche Weisheit regierten Kosmos. Nur wir Menschen müssen erst noch weise werden und die göttliche Weisheit in allen Dingen und nicht zuletzt in uns selbst entdecken.

c) *Die Weisheit des Kosmos* wurde von Anfang an im Christentum mit dem göttlichen Geheimnis des auferweckten und erhöhten Christus identifiziert. Der in ihm offenbare Logos wurde nicht

31 Eberhard Busch, Karl Barths Lebenslauf, München 1978, 515.

nur mit der Weisheit Israels, sondern auch mit der Weltvernunft der griechischen Philosophen verbunden. In Christus werden das Geheimnis Gottes, das Geheimnis der Menschen und das Geheimnis des Kosmos offenbar, so dass eine gemeinsame Geschichte auf ihre gemeinsame Zukunft eröffnet wird. Wir sehen hier zuerst auf die Identifizierung Christi mit der Weisheit des Kosmos im Alten Testament, denn diese Identifizierung hat zwei Seiten: Auf der einen Seite wird in Christus die Weisheit Gottes, die den Kosmos zusammenhält, final offenbar, auf der anderen Seite wird Christus durch die allen Menschen zugängliche kosmische Weisheit offenbar.

Zuerst fällt auf, dass auch in Israel die kosmische Weisheit personal, göttlich und vor der Weltschöpfung existierend vorgestellt wurde, freilich nicht als »Sohn Gottes«, sondern als »Tochter Gottes«:

»*Der* Herr hat mich gehabt im Anfang seiner Wege.
Ehe er etwas schuf, war ich.
Ich bin eingesetzt von Ewigkeit,
von Anfang, vor der Erde.
…
Da er die Erde noch nicht gemacht hatte ... noch die Berge,
war ich der Werkmeister bei ihm
und hatte meine Lust täglich
und spielte vor ihm allezeit
und spielte auf seinem Erdboden
und meine Lust ist bei den Menschenkindern« (Spr 22-31).

Die Weisheit ist Schöpfungsmittler, durch sie ruft Gott nicht nur das Nichtseiende ins Dasein (barah), sondern gestaltet das Geschaffene (asa) im Spiel der Formenvielfalt aus purer Lust am Schaffen und Gestalten wie ein Künstler. Das Spiel wird in vielen Religionen und Philosophien als »Weltsymbol« angesehen.[32] Es bringt die Freiheit des Schaffens und den Überfluss des Lebens jenseits der Welt der Notwendigkeiten zum Ausdruck. Das Spiel muss nicht sein, aber es ist sinnvoll in sich selbst, weil es frei ist und frei macht.

Was offenbart die Weisheit im Kosmos von Gott? Gott wird als ein »Liebhaber des Lebens« wahrgenommen (Spr 11,26). Wie ein Künstler gestaltet er die Dinge und ihre Zusammenhänge so, dass sie dem Sein, nicht dem Nichtsein, dem Leben, nicht dem Tod dienen, denn er komponiert sie in Resonanz auf seine ewige Harmonie und gestaltet sie zum Spiegel seiner Herrlichkeit. In Gott ist nicht Licht und Finsternis, sondern das reine, ewige Sein. Es kommt im Seienden, nicht im Nichtseienden, in der Geburt, nicht im Tod zum Ausdruck. Darum wird ein Kosmos, der seinem Schöpfer ganz entspricht, eine Welt ohne Tod, ohne Chaosmächte und ohne Finsternis sein (Offb 21-22). »Die Himmel verkünden Gottes Gerechtigkeit« (Ps 97,6); »Alle seine Werke loben Gott«. (Ps 145,10)

Wie offenbart sich die Weisheit Gottes im Kosmos? »Gott hat die Erde durch Weisheit gegründet« (Sir 3,19). »Du hast alle Deine Werke in Weisheit gemacht« (Ps 104,24). Seine Weisheit »ist ausgegossen über alle seine Werke« (Sir 1,9). »Der ganze Erdkreis ist seiner Weisheit voll« (Spr 1,7). Diese Weisheit des Kosmos ist transzendenten Ursprungs und von immanenter Präsenz: »Sie ist Glanz des ewigen Lichtes und ein unbeflecktes Siegel der göttlichen Kraft und ein Bild seiner Gültigkeit« (Koh 7, 23-26). Es sind ihre schöpferischen Energien, die zwischen dem ewigen Licht in Gott und dem Lichterglanz der bunten Schöpfung vermitteln.

Die göttliche Weisheit im Kosmos ist durchaus auch auf die Menschen angelegt, um ihn zu integrieren. Durch die kosmische

32 E. Fink, Spiel als Weltsymbol, Stuttgart 1960; Moltmann, Schöpfung 311-313.

Weisheit spricht Gott zu den Menschen, und es ist erstaunlicherweise die lebensbejahende Sprache der Liebe: »Dieses Ordnungsgeheimnis der Welt ruft nicht nur den Menschen; es liebt ihn. Die Topik der Liebessprache fächert sich in den Texten von Prov 1-9 über Sirach bis zu der späten Weisheit Salomos aus ...«[33] Weil sich das große Weltgeheimnis in Liebe den Menschen öffnet, muss diese Weisheit des Kosmos auch ihrerseits von den Menschen geliebt werden: »Liebe sie, und sie wird dich behüten« (Spr 4,6), so spricht die Weisheit im Kosmos: »Ich liebe, die mich lieb haben, und die mich suchen, finden mich« (Spr 8,17). Gerhard von Rad nennt es einen »Liebesbund zwischen dem Menschen und dem göttlichen Schöpfungsgeheimnis«.[34] Die göttliche Weisheit ist auf dem Wege durch den ganzen Kosmos zum Menschen und kommt ihm entgegen, wenn er sie sucht, sie steht ihm weit offen. Sie muss nicht erst durch besondere Aktionen offenbar gemacht werden, sie ist schon offenbar im ganzen Kosmos, der den Menschen umgibt. Der Mensch ist kein Fremdling am Rande des Kosmos und keine vorübergehende Fehlentwicklung der Natur: »Welch ein Heimatgefühl des Menschen in der Welt!«, rief Gerhard von Rad erstaunt aus.[35] Aber diese Weltliebe hat eine Bedingung:

> »Wer mich findet, hat das Leben gefunden
> und Wohlgefallen von Gott erlangt,
> aber wer mich verfehlt, schädigt sich selbst,
> alle, die mich hassen, lieben den Tod« (Spr 6,35).

Verbinden wir dieses schöne »Heimatgefühl« der Menschen in der Welt« mit der Versöhnung des zerrütteten Kosmos durch Christi

33 Gerhard von Rad, Weisheit in Israel, Neukirchen 1970, 24.

34 Ebd. 220.

35 Ebd. 228.

Tod und seiner göttlichen Neuordnung unter der Herrschaft des Auferstandenen, dann entsteht eine realistische Liebe zur Welt trotz der Naturkatastrophen und eine resistente Liebe zum Leben, dem Tod und dem Sterben zum Trotz.

Wird der erhöhte Christus mit der kosmischen Weisheit identifiziert, dann verschmelzen Natur und Gnade, Vernunft und Offenbarung zu einer harmonischen Einheit. Es gibt in ihr weder Stufen noch Alternativen. Das göttliche Geheimnis der Welt umgibt den Menschen von allen Seiten. Es ist das weltweite Geheimnis des erhöhten Christus, und diese Welt wird mit ihm offenbar werden in der kommenden Herrlichkeit Gottes.

5. Der Herrschaftsauftrag des gottentsprechenden Menschen

Am Schluss dieses Kapitels kommen wir auf den Herrschaftsauftrag der Menschen nach den Schöpfungsgeschichten Israels zurück, um diese im Licht der dargestellten biblischen Kosmologien neu zu lesen.

a) *Die anthropozentrische Lesart* der Geschichten sieht den Menschen als Ziel und Krone aller Schöpfungen Gottes an, weil nur von ihm Gottebenbildlichkeit ausgesagt wird. Seine Göttlichkeit besteht in seiner Herrschaft über »die Fische im Meer, die Vögel unter dem Himmel und über das Vieh und alles Getier, das auf der Erde kriecht«. (Gen 1,28)

»Du hast ihn zum Herrn gemacht über Deiner Hände Werk,
alles hast Du unter seine Füße getan:

> Schafe und Rinder zumal, dazu auch die wilden Tiere,
> die Vögel unter dem Himmel und die Fische im Meer
> und alles, was das Meer durchzieht« (Ps 8,7-9).

Nur der Mensch ist Subjekt dieser Herrschaft, alle Tiere und selbst die Erde sind Objekte und ihm untertan wie Unterworfene unter den Füßen des Siegers. Auch im Bild des Gärtners, der den Garten Eden »bebauen und bewahren« soll (Gen 2,15), ist der Mensch das Subjekt und alle Pflanzen, Bäume und Tiere sind die Objekte seiner Fürsorge. Wenn man heute dafür gern das Wort von der »Weltverantwortung« verwendet, wird nur ein anderes Wort für seine Herrschaft verwendet. Weil nach dem ersten Schöpfungsbericht Menschen und Tiere sich vegetarisch ernähren (Gen 1,29-30), ist an eine Herrschaft durch Gewalt nicht gedacht. Nach dem zweiten Schöpfungsbericht soll der Mensch den Tieren Namen geben und nach denen sollen sie bei Gott heißen (2,19). Seine Herrschaft über die Tiere besteht in der Namensgebung für den gemeinsamen und gottentsprechenden Umgang mit ihnen. Dass die Tiere Namen bekommen, erhebt sie auf die Ebene des Menschen als ihre Mitgeschöpfe.

Nimmt man dieses Bild vom Menschen im Kosmos jedoch für sich, wie es seit Beginn der modernen Welt in Renaissance und Aufklärung verwendet wurde, dann ist Gott der Herrscher der Welt und seine vorzügliche Eigenschaft ist die Allmacht. Als Gottes Ebenbild auf der Erde muss der Mensch seine Herrschaft über die Erde und alle irdischen Geschöpfe antreten. Wie Gott Herr und Eigentümer der Welt ist, so muss der Mensch »Herr und Eigentümer der Natur« werden, denn nur durch Machtgewinn und Ausbreitung seiner Herrschaft wird der Mensch seinem Gott ähnlich. Der Mensch hat »den Allmächtigen« über sich und die Welt als sein Eigentum unter sich. Die göttliche Eigenschaft der Güte, der Wahrheit, der

Schönheit und der Liebe verschwinden hinter seiner »Allmacht«, um die Machtergreifung des modernen Menschen über die Welt zu legitimieren. Damit rückt Gott in die Sphäre der Transzendenz und die Welt verliert ihr göttliches Geheimnis und wird immanent und diesseitig verstanden. Die früher verehrte »Weltseele« wird vertrieben, die Welt wird entzaubert und zum Material der menschlichen Herrschaft.

Moderne Naturwissenschaften objektivieren die Welt und machen sie erkennbar und durchschaubar, moderne Technologien machen sie zum Eigentum der menschlichen Kultur. Die Erde mit ihrer Biodiversität wird zur monotonen »Umwelt der Menschen« umgebaut. Lebewesen, die nicht hineinpassen, werden eliminiert. Wir werden durch Gentechnologie klimaresistente Pflanzen und gewünschte Fleischprodukte herstellen. Wir werden mit genetic engineering eine neue menschliche Rasse züchten, die keine natürliche, sondern nur noch eine technische Umwelt braucht, wie schon heute in den Supercities.[36] Wir werden aus der Erde eine globale Raumstation machen, die wir nach Belieben durch den Weltraum steuern können. Die technischen Utopien weisen in diese Richtung – die technischen Apokalypsen freilich auch.

b) *Die kosmologische Lesart* derselben Texte aus der biblischen Schöpfungsgeschichte sieht das Erscheinen der Menschen in der Schöpfung ganz anders: Der Mensch ist als das letzte Geschöpf Gottes nicht der Höhepunkt der Schöpfungsgeschichte, sondern das am meisten auf alle anderen Geschöpfe und ihr Wohlwollen angewiesenes Geschöpf.[37] Der Mensch ist auf die Existenz der Tiere und die lebensförderliche Erde angewiesen,

36 Bill McKibben, The End of Nature, New York 1989, 91.

37 Bauckham, 16-20.

die vor ihm geschaffen wurden; er ist auf die Fische im Wasser und die Vögel unter dem Himmel angewiesen; er ist auf Abend und Morgen, auf die Sonne, den Mond und die Sterne angewiesen; er ist auf das Licht angewiesen und auf die Scheidung des Kosmos vom Chaos angewiesen. Der Mensch ist das abhängigste Geschöpf von allen. Alle Geschöpfe können ohne den Menschen existieren und waren ohne ihn schon da, aber der Mensch kann nur unter ihren Voraussetzungen existieren.

Nicht er ist die »Krone der Schöpfung«: der Sabbat ist es. Zusammen mit allen anderen Geschöpfen wird er durch den Schöpfungssabbat Gottes am »siebten Tag« gekrönt. Zusammen mit allen anderen Geschöpfen feiert der Mensch dieses Schöpfungsfest am siebten Tag, im siebten Jahr und im Jubeljahr und nimmt damit das Heil der ganzen Schöpfung in seiner Geschichte vorweg.[38]

Also ist der Mensch mit seiner Herrschaft eingebettet in eine größere Schöpfungsgemeinschaft. Die Tiere sind nicht Objekte seiner Herrschaft und Ausbeutung, sondern seine »Mitgeschöpfe«, wie das deutsche Tierschutzgesetz von 1986 sagt. Sein Verhältnis zu den anderen Geschöpfen ist nicht das einseitige Subjekt-Objekt-Verhältnis, sondern eher als ein wechselseitiges und gemeinschaftliches Subjekt-SubjektVerhältnis aufzufassen. Wie weit der Mensch auch seine Herrschaft ausweitet, er ist immer und überall eingebettet in größere Schöpfungszusammenhänge, und seine Weltvernunft ist umgeben von der Weisheit des Kosmos und ist nur ein schwacher Abglanz von ihr.

Man kann seine wissenschaftlichen Erfolge auch umgekehrt lesen: In der menschlichen Erkenntnis der Natur kommt die Natur

38 Wenn man die Schöpfungsgeschichte und die Schöpfungsweisheit vom Sabbat und der Sabbatgesetzgebung her liest, ergibt sich die kosmologische Lesarbeit der Anthropologie von selbst.

zur Erkenntnis und zum Bewusstsein ihrer selbst.[39] Dann ist Natur nicht nur sein Objekt, sondern sein Subjekt und er wird sich bewusst, mit seiner Erkenntnis und seiner Herrschaft im Dienst der Natur zu stehen.

Wir fassen zusammen:

1. Der Herrschaftsauftrag der Menschen kann nur innerhalb der Schöpfungsgemeinschaft sinnvoll ausgeübt werden, in der sich der Mensch als ein Teil der Natur versteht.
2. Er kann seine Werke nur in Übereinstimmung mit der Erde und allen lebendigen Wesen lebensförderlich gestalten. Nur in Resonanz auf die Weisheit des Kosmos wird dieser Herrschaftsauftrag weise wahrgenommen, und das heißt, dass er nur in Liebe, nicht mit Gewalt ausgeübt werden kann.
3. »Ich liebe, die mich lieben«, spricht die Weltweisheit, »und die mich suchen, finden mich ... Wer aber mich verfehlt, zerstört das Leben, und alle, die mich hassen, lieben den Tod« (Spr 8,17.36).
4. Nicht zuletzt ist darauf hinzuweisen, dass der sog. »Herrschaftsauftrag« an der Gottebenbildlichkeit und dem gottentsprechenden Leben hängt und nicht umgekehrt seine Gottebenbildlichkeit an seinem Herrschaftsauftrag hängt. Gott aber, nach dem sich der Mensch ausrichten soll, ist nicht »die Allmacht«, sondern nach dem Zeugnis der Weisheit des Kosmos und der Christusoffenbarung »die Liebe«. (1 Joh 4,16) Wer »in der Liebe bleibt«, bleibt darum nicht nur in Gott, sondern auch in der Welt, denn Liebe, die teilnehmende und mitteilende Gemeinschaft schafft, ist das Geheimnis des Kosmos.

39 So Max Scheler, Die Stellung des Menschen im Kosmos, München 1947, 90.

III. Die neue kosmische Anthropologie

Die alte kosmische Anthropologie war vorindustriell und gehörte in die Agrargesellschaft. Die menschliche Kultur war in die Natur der Landschaft eingebunden und von ihr abhängig. Durch die industrielle Revolution und die Urbanisierung haben sich Menschen, soweit sie können, von der Naturabhängigkeit befreit und sich eine menschengemachte Umwelt geschaffen. Die modernen anthropozentrischen Anthropologien drücken das Selbstverständnis der Bewohner der modernen World City aus.[40] Menschen haben sich zwar von der Natur draußen entfernt und bemühen sich, ihre eigene Natur frei zu gestalten, aber sowohl ihre Super City wie sie selbst bleiben auf das lebensförderliche System der Erde angewiesen. Der natürliche Rahmen für menschliche Kultur wird nur weiter hinausgeschoben oder unterdrückt. Eine neue kosmische Anthropologie muss die vorindustriellen Verhältnisse der »Kultur in Natur« in postindustrielle Möglichkeiten übersetzen, um die Industrialisierung und Urbanisierung der Menschen ökologischer gerecht zu gestalten.

Es war ein Irrtum der anthropozentrischen Anthropologie, die Weltoffenheit der Menschen nur im Vergleich mit der Umweltgebundenheit der Tiere zu ihrem Ausgangspunkt zu nehmen und die kosmische Umwelt der Menschen und der Tiere zu übersehen. Wie die Abstammungslehre von Charles Darwin und die evolutionäre Biologie zeigen, sind die Mensch-Tier-Übergangsfelder fließend: Der Mensch ist nur relativ weltoffen, das Tier ist nur relativ

40 Ich lasse hier die männlich fixierte Einseitigkeit der modernen anthropozentrischen Anthropologie ebenso wie die rassistisch auf die Weißen fixierte Einseitigkeit aus, weil ich darüber an anderer Stelle geschrieben habe. Vgl. Erfahrungen theologischen Denkens, Gütersloh 1999, 238-260. Es ging in der Anthropologie der Moderne immer um eine Andrologie, der »white male supremacy«. Siehe Carolyn Merchant, The Death of Nature. Women, Ecology and the Scientific Revolution, San Francisco 1980.

umweltgebunden, manche von ihnen sind bemerkenswert anpassungsfähig.

Weltoffenheit gibt es für den Menschen nur innerhalb der Welt, und diese besteht in seiner Angewiesenheit auf den Organismus seines Körpers und die Rhythmen und Zyklen des Erdsystems, des Sonnensystems und weiterer kosmischer Bedingungen. Man wird die Weltoffenheit und Freiheit des Menschen von den Möglichkeiten der Welt, die ihn erhält und umgibt, ableiten und nicht vom Vergleich mit Tieren und Pflanzen.

Den »Herrschaftsauftrag« über die Tiere und die Erde gibt es biblisch nur innerhalb der Schöpfungsgemeinschaft, auf die Menschen angewiesen sind. Ihre Freiheit besteht darum nicht in der Herrschaftsfreiheit gegenüber Untertanen und Objekten, sondern in der kommunikativen Freiheit gegenüber ihren »Mitgeschöpfen«.

Ihre Gottebenbildlichkeit gebietet ihnen, die Würde ihrer Mitgeschöpfe zu achten. Der »Geist«, durch den sie sich zur Weltoffenheit erheben, ist der ewige Geist, der in allen Dingen ist (Weisheit 12,1). Es ist die gleiche Weisheit in der menschlichen Vernunft wie in der Weltvernunft. Darum bildet sich die menschliche Vernunft durch Erkennen der Weltvernunft aus, nicht umgekehrt. Die menschliche Vernunft ist, wie der Name sagt, ein vernehmendes Organ.

Wir werden darum jene Eigenschaften, die von der modernen anthropozentrischen Anthropologie mit der »Weltoffenheit« der Menschen verbunden wurden, auf ihre körperlichen und kosmischen Bedingungen hin untersuchen, um sie neu zu bestimmen. Wir werden sie nicht einschränken, sondern uns bemühen, sie in Konsonanz mit der Weisheit des menschlichen Körpers und des Kosmos zu bringen, um ihnen die zerstörerischen Momente zu nehmen, die durch die selektive Einseitigkeit entstehen, die wir schon bei dem Zentralbegriff der Weltoffenheit erkennen können.

Da ist auch noch ein anderer Umstand zu beachten: Sowohl die moderne Machtergreifung des Menschen über die Natur wie auch die romantische Vorstellung vom Menschen als einem natürlichen Mängelwesen verstehen Natur als etwas Fertiges, das zuhanden ist und nur unterworfen oder als Ideal erreicht werden muss. Nach der neuen Kosmologie vom »Urknall« und der Evolutionslehre aber ist der Kosmos ebenso in Bewegung wie das Leben auf der Erde. »Natur« ist in einer Geschichte der Natur begriffen, das Leben ist im Werden begriffen, und der Mensch ist nicht das Ende der Geschichte und auch noch nicht am Ende seiner eigenen Geschichte. Eine kosmische Anthropologie wird nach Konsonanzen zwischen der menschlichen und der natürlichen Geschichte suchen, um die menschliche Geschichte nach den Tendenzen und Latenzen der Naturgeschichte auszurichten und Dissonanzen abzubauen und zu vermeiden. Im Blick auf eine gemeinsame Zukunft ist es wichtig, nachhaltige Übereinstimmungen in der Geschichte zu finden.

1. Die Erde und die Menschen

»Die Erde« hat in unserem Sprachgebrauch mehrere Bedeutungen: Einmal meinen wir das Land, auf dem wir stehen und das wir bebauen und beernten. Das ist der Sprachgebrauch in der biblischen Schöpfungsgeschichte. Vom Luftraum und von den Ozeanen ist nicht die Rede. Zum anderen nennen wir unseren Planeten mit seiner Biosphäre, in der wir existieren, „Erde« im Blick auf den Mond und die Sonne. In dieser Hinsicht leben wir nicht auf der Erde, sondern in der Erde, und von einem Herrschaftsobjekt Erde kann keine Rede sein. Endlich sprechen wir in religiöser Hinsicht von »Himmel und Erde« und meinen mit der Erde den Wohnraum der Sterblichen im Gegenüber zum Himmel der Unsterblichen. Die alte Kirche hat diesen Unterschied der Götter und Menschen auf einen dualen Kosmos ausgeweitet: Die sichtbare und die unsichtbare Welt. Zur sichtbaren Welt gehören alle Bereiche des Kosmos, die der Mensch erkennen kann.

Wir beschäftigen uns hier mit dem blauen Planeten »Erde«, in dem wir leben, weil er uns im Zuge der Entwicklung des Lebens hervorgebracht hat. Die neuen Astrowissenschaften haben die vielfältigen Wechselwirkungen zwischen den unbelebten und den belebten Teilen unseres Planeten nachgewiesen. Daraus wird die Vorstellung gebildet, dass die Biosphäre der Erde zusammen mit der Atmosphäre, den Ozeanen und Landflächen ein einzigartiges komplexes Gesamtsystem bildet, das sich wie ein Organismus verstehen lässt. Es bringt Lebewesen hervor und formt Ökosysteme für sie. Die Erde ist Lebensquell und Lebensraum. Das ist die vieldiskutierte Theorie von James E. Lovelock, die unter dem Namen »Gaja-Hypothese« bekannt wurde.[41] Er beschreibt das Erdsystem als ein »universelles, biokybernetisches System mit der Tendenz zur Homöostase«. Das Erdsystem ist ein rückgekoppeltes System, das für das vielfältige Leben optimale Umweltbedingungen schafft und umgekehrt den Ökosystemen das ihnen entsprechende Lebewesen schafft. Die Aufrechterhaltung relativ konstanter Bedingungen für das Leben nennen wir Homöostase. Die Erde ist als Planet nicht eine Ansammlung von Materialien und Energien, sie ist auch weder blind noch stumm, sie ist auch keineswegs nur die »Umwelt« für menschliche Kulturen. Sie ist vielmehr als ein Subjekt anzusehen, das Leben hervorbringt, Leben erhält und steigert, lebensförderliche genetische Bedingungen schafft und lebensfeind-

41 James Lovelock, Gaja – a New Look at Life on Earth, Oxford 1979; The Ages of Gaja: A Biography of our Living Earth, Oxford 1988; The Revenge of Gaja: Why the Earth is Fighting Back – and How We Can Still Save Humanity, London 2006.

liche Verbindungen ausscheidet und nicht zuletzt die Tendenz zu immer komplexeren Lebensformen aufweist. Wir Menschen sind in dieser Hinsicht »Erdgeschöpfe«. An einem bestimmten Punkt ihrer Entwicklung fing die Erde an zu fühlen, zu denken, sich ihrer selbst bewusst zu werden und Ehrfurcht zu empfinden.[42]

Diese Gaja-Theorie bietet eine wissenschaftlich nachprüfbare Alternative zu den anthropozentrischen, mechanistischen Weltbildern der Neuzeit. Es nötigt, die Erde nicht mehr vom Menschen her, sondern den Menschen von der Erde her zu denken. Es nötigt dazu, biozentrisch und im weiteren Umkreis erdorientiert zu denken. Nicht um die Rettung von Menschen vor dem Klimawandel geht es, sondern um die Rettung des Klimas. Nicht auf die Rettung der Menschen vor den steigenden Pegelständen der Ozeane kommt es an, sondern um die Rettung der Ozeane. Nur wenn das Klima konstant gehalten und die Ozeane gesund erhalten werden, werden auch Menschen überleben können. Die Gaja-Theorie öffnet Wege zur demokratischen Einordnung des Menschengeschlechts in das Gesamtleben des Erdsystems und ist eine Grundlage für den ökologischen Umbau der modernen Welt.

Es ist bei Anerkennung der Gesamtschau eine Diskussion entstanden, ob man die Erde »lebendig« nennen kann.[43] Wenn man »lebendig« nur nennt, was sich selbst reproduzieren kann, ist die Erde nicht »lebendig«, weil sie keine Erden gebiert. Wenn man sie jedoch als Lebensgrund und Lebensraum für anderes Leben ansieht, ist sie lebendig und mehr als »lebendig« zu nennen. Die Erde einen »Organismus« zu nennen, ergibt nur im Rahmen eines Vergleichs einen Sinn: Die Erde ist eher mit einem ganzheitlichen »Organismus« zu

42 Leonardo Boff, Die Erde als Gaja: Eine ethische und spirituelle Herausforderung, CONC 45, August 2009, 276-285.

43 Colin A Russell, The Earth, Humanity and God, London 1994, 121; Celina Deane-Drummond, God and Gaja: Myth or Reality?, in Theology 95, 1992, 277-285

vergleichen als mit einer Summe von Material. Aber auch von einem Erd-«System« zu sprechen, hat nur einen Vergleichswert. Die Erde ist, verglichen mit von Menschen produzierten »Systemen«, komplexer als die intelligentesten Maschinen. Es ist sinnvoll, der Erde, die Leben hervorbringt, eine eigene Subjektivität zuzuschreiben, wie es Ernst Bloch mit dem Ausdruck »Natursubjekt« getan hat. Die Erde zeigt mehr von aktiver Subjektivität als von passiver Objektivität. Im Grunde aber ist der Planet, der Leben in solcher Vielfalt und Fülle hervorbringt, ein Unikat, ein schöpferisches Geschöpf sui generis und darum unvergleichlich.

Theologisch gesehen passt die Gaja-Theorie zum Bild des schöpferischen Gottes und seiner Schöpfungen, das Hiob 38 und Psalm 104 darstellen und damit auch zu Genesis 1 und 2 besser als das moderne anthropozentrischmechanistische Weltbild. Menschen sind Kinder der Erde und von ihr abhängig, nicht ihre Herren oder gar Eigentümer.

2. Der Himmel und die Erde

Die Welt ist nicht homogen. Alle Religionen und alten Weisheitslehren sprechen von einer dualen Welt, von Himmel und Erde. Die Erde ist der Lebensraum für alles Lebendige und auch für das Menschengeschlecht. Aber darüber wölbt sich eine weitere Umwelt: Der Himmel ist der Lebensraum der Erde. Warum diese Dualität? Himmel und Erde verhalten sich wie »das Heilige« und »das Profane«.[44] Wo auf der Erde Transzendenz erfahren wird, entsteht ein heiliger Raum oder eine heilige Zeit: ein Fenster zum Himmel.

44 Mircea Eliade, Das Heilige und das Profane, Hamburg 1959, 37.

In der modernen Welt wurde der Himmel entmythologisiert und abgeschafft: Wir leben in einem einheitlichen Universum, einem Weltall, dessen Symbol die Welt-«Kugel« ist. Wenn es Transzendenzerfahrungen gibt, sind es keine nach oben in größere Welten, sondern nach unten ins Chaos: das Dual Kosmos-Chaos leuchtet ein, das Dual Himmel-Erde müssen wir erst wiederentdecken.

Im Ahnenkult, der allen ursprünglichen Familien- und Naturreligionen eigen ist und sich im Schamanismus, im Taoismus und Konfuzianismus Asiens, aber auch in den indigenen Kulten Afrikas und Lateinamerikas finden lässt, ist der Himmel die jenseitige Welt der gestorbenen und jetzt unsterblichen Ahnen. Sie sind allen Lebenden, Hinterbliebenen und Nachkommen präsent und beeinflussen durch ihren Segen oder Fluch ihr Leben. Hier kann man sagen: Der Tod macht den Unterschied zwischen den Unsterblichen im Himmel und den Sterblichen auf der Erde.

Der Olymp der Götter und der seligen Genien befindet sich im Himmel. An dem Willen, der Weisheit und den Launen der Götter hängen das Schicksal, Glück und Unglück auf Erden ab, nicht nur der menschlichen, sondern auch der natürlichen Welt. Darum müssen sie durch Opfer oder Tributleistungen gnädig gestimmt werden. Wenn menschliches Unglück oder Naturkatastrophen geschehen, sind sie Ausdruck des Zorns der Götter, die Schuldigen müssen gesucht und ihnen geopfert werden. Das Schicksal macht den Unterschied zwischen den Himmlischen und den Irdischen.

In den Weisheitslehren der Völker ist der Himmel der Sitz und Ausgangsort der Weisheit des Kosmos und der Menschen. Das chinesische Tao wohnt im Himmel und der Himmel, die Erde und auch die Menschen richten sich nach dem Tao aus. Nicht anders regiert die biblische Weisheit Gottes die Erde und die Menschen in ihr vom Himmel her. Der Mensch richtet sich nach der Erde aus, die Erde richtet sich nach dem Himmel aus und der Himmel richtet sich nach der ewigen Weisheit aus: dann ist die vollkommene Harmonie aller Dinge erreicht. Lebensraum der Menschen ist die Erde, Lebensraum der Erde ist der Himmel. Warum? Weil die spirituelle Weisheit vom Himmel her die Erde ins Sein ruft und die Menschen mit Leben erfüllt. Die Weisheit macht den Unterschied zwischen dem Himmel und den Menschen.

Für die christliche Theologie ist der Himmel die gottentsprechende Seite der Schöpfung, denn Gott »wohnt« im Himmel, während die Erde die noch umstrittene und vom Chaos bedrohte Seite der Schöpfung ist.[45] Darum richtet sich das Gebet um die Heiligung des Namens, das Kommen des Reiches und das Geschehen des Willens Gottes »wie im Himmel so auf Erden« aus. Wenn das Reich Gottes, das auch das »Himmelreich« genannt wird, kommt, vereinigt es Himmel und Erde zur vollkommenen Harmonie.

Der Himmel ist nicht Gott, sondern die Offenheit der endlichen Schöpfung für den transzendenten Schöpfer. Darum wird von der Erde oder der sichtbaren Welt immer im Singular, von den Himmeln jedoch stets im Plural gesprochen. Auch die Himmel fassen den unendlichen Gott nicht. Die duale Welt besteht demnach aus einem sichtbaren Universum und einem unsichtbaren Pluriversum. Nicht die Transzendenz, sondern die Weltimmanenz Gottes macht die Welt zu einer exzentrischen Welt und unterscheidet sie in »Himmel und Erde«. Wäre der Kosmos ein homogenes, in sich geschlossenes, konzentrisches System, dann wäre er selbst göttlich. Als Schöpfung Gottes aber muss der Kosmos eine gottoffene Welt und damit auch zukunftsoffenes »System« sein. Eine Welt ohne Himmel wäre eine Welt, in der nichts Neues geschehen kann. Gottes Einwohnung macht den Unterschied zwischen Himmel und Erde.

45 Gott in der Schöpfung, VII: Himmel und Erde, 167-192.

Gott »wohnt« im Himmel und wirkt vom Himmel her auf die Erde. Wie ist das philosophisch zu verstehen? Wir verstehen den Himmel nicht nur als die gottentsprechende Seite der Schöpfung, sondern auch als Bereich der schöpferischen Potenzen Gottes.[46] Aus dem unsichtbaren Bereich der schöpferischen Energien und Potenzen gehen die Möglichkeiten und Wirklichkeiten des sichtbaren Kosmos hervor. Das ist mit der Richtungsangabe »vom Himmel her« gemeint. Das Reich der Potenzen steht ontologisch höher als das Reich der Möglichkeiten und ihrer Verwirklichungen. »Höher als die Wirklichkeit steht die Möglichkeit«, erklärte Heidegger.[47] Er meint nicht jene Möglichkeit, die in ihrer Verwirklichung aufgeht, sondern jene Potenzen, die Möglichkeiten erst ermöglichen.

Als Reich der Kräfte Gottes ist der Himmel auch das Reich der Ideen Gottes und der Formen, die der Schöpfer schaffen will.[48] Das ist der Grund dafür, dass die griechischen Kirchenväter die Ideenlehre Platos aufnahmen und mit dem Schöpfungsbegriff verbanden. Im Bereich der Möglichkeiten des Schöpfers sind auch die Urbilder für die geschaffenen Wirklichkeiten bereitgestellt. Die Ideen alles Wirklichen sind keine ewigen Ideen in der Gottheit, sondern schöpferische Ideen Gottes. Sie sind Ausdrucksformen des Spiels seiner Liebe und Selbstmitteilungen seiner Güte. Geht man mit den Kirchenvätern davon aus, dass diese kreativen Ideen einen intensiveren Grad des Seins als ihre sinnlichen Erscheinungen haben, dann wird theologisch verständlich, dass sie dem Himmel näher sind als ihre Verwirklichungen im sichtbaren Kosmos, und dass der Himmel die umfassende Umwelt der Erde und aller irdischen Geschöpfe ist.

46 F.W.J. Schelling, Philosophie der Offenbarung 1841/42, hg. und eingeleitet von M. Frank, Frankfurt 1977, 102-107.

47 Martin Heidegger, Sein und Zeit, Tübingen 1957, 38.

48 Dumitru Staniloae, Orthodoxe Dogmatik, Gütersloh 1985, 303.

Das Symbol des »verschlossenen Himmels« wurde immer als Zeichen für die Tod und Vernichtung verbreitende Gottesfinsternis ausgelegt. Der »offene Himmel« ist ein Symbol für den Segen Gottes, die Fruchtbarkeit der Erde und die Geburt des Lebens. Das Evangelium Jesu vom nahen Reich Gottes ist auch die Botschaft vom geöffneten und offenen Himmel und den ausströmenden Energien der göttlichen Liebe. »Oh Heiland, reiß den Himmel auf …«.

3. Ethos der Erde und des Himmels

Nach dem Ermessen der großen Lebensräume der Erde und des Himmels kommen wir auf den Menschen zurück und beschreiben ihn als homo ecologicus den der Natur der Erde und des Himmels entsprechend lebenden Menschen. Wir nehmen damit die alten Ideale des Weisen oder des »edlen Menschen« aus den verschiedenen kulturellen Traditionen auf und vergegenwärtigen sie im schöpferischen Menschen. Wie der Anthropozentrismus der modernen Welt die Ideale des »modernen Menschen«, des Beherrschers seiner selbst und seiner Welt, des Entdeckers und Eroberers, des »aufgeklärten« und des »fortschrittlichen Menschen« hervorgebracht hat, so wird auch das postmoderne, ökologische Zeitalter seine humanistischen Ideale hervorbringen.

a) Der weise Mensch; die weise Frau, der weise Mann

Zwar denkt man, die Weisheit würde sich aus Lebenserfahrungen mit dem Alter von selbst einstellen. Darum halten wir im Zeitalter des Fortschritts weise Menschen für ein wenig müde und resigniert und ohne große Hoffnung auf Neues. Diese Weisheit aber meinen wir nicht, wenn wir den ökologischen Menschen als einen Weisen charakterisieren.

Ein weiser Mensch ist nicht mehr machtbesessen, sondern hat Macht über seine Macht gewonnen und geht lebensförderlich mit ihr um. Er muss nicht alles machen, was er kann, sondern ist ein freier Mensch geworden, der verantworten kann, was er tut. Er ist nicht auf immer größeren Machtgewinn ausgerichtet wie der fortschrittliche Mensch, es geht ihm vielmehr um Ausgleich, Gerechtigkeit, Übereinstimmung und Frieden.

> »Der Edle steht der Welt ohne Vorliebe und ohne Vorurteil gegenüber. Er hält sich an das Rechte«.[49]

Er hat Frieden mit sich selbst gefunden und die öffentlich geforderte Herrschsucht und Habgier überwunden. Er muss nichts aus sich machen, er muss sich auch nicht immer wieder neu erfinden, um anerkannt zu werden, denn er ist mit sich selbst einig, weil er sich im Einklang mit der Erde und dem Himmel, mit dem Tao und mit seinem Schöpfer weiß. »Der Edle ist ausgeglichen und gelassen«. (VII, 36) Er liebt das Leben mit der Liebe, die ihm die Weisheit des Kosmos im Einzelnen und der Glaube an die Liebe des Schöpfers zu seinen Geschöpfen in der Tiefe lehren.

Nach den Maßstäben der modernen fortschrittlichen Welt lebt und handelt er selbstlos, weil er sein wahres Selbst in größeren Händen geborgen weiß. Er muss darum weder verzweifelt er selbst noch verzweifelt nicht er selbst sein (Kierkegaard). Er ist in sich zur Ruhe gekommen, darum macht ihn die friedlose Welt des Unrechts und der Gewalttat unruhig, er macht sie nicht mehr mit, sondern

49 Die Weisheit des Konfuzius. Übersetzt und herausgegeben von Hans O. H. Stange, Frankfurt 1964, IV, 10. Ich zitiere im Folgenden nach dieser Ausgabe.

»bekämpft« sie mit gewaltfreien Aktionen und Maßnahmen des ausgleichenden und gerechten Friedens.

b) Der »edle Mensch«

Ich übernehme dieses Menschenbild von Konfuzius, lasse aber seine feudalistische, elitäre Grundierung weg und universalisiere es auf die Menschen, Frauen und Männer, die sich aus Selbstrespekt an ethische Grundsätze halten.

> »Wer nach sittlichen Grundsätzen handelt, ist dem Polarstern vergleichbar.
> Er steht still an seinem Platz, und alle Sterne neigen sich vor ihm« (II, 1).

Heute nennen wir diesen »edlen Menschen« auch den anständigen Menschen. Er hält sich an die goldene Regel, die in vielen kulturellen Traditionen der ethische Grund der Gegenseitigkeit ist, wie Konfuzius sagte:

> »Was du nicht willst, dass man dir tu,
> das füg auch keinem anderen zu« (XII, 7).

Dieser Grundsatz setzt jedoch die Gleichheit aller Menschen voraus, die es faktisch nicht gibt. Was sollte der Starke von dem Schwachen, der Reiche von dem Armen, die Gegenwärtigen von den Zukünftigen fürchten? Darum geht Jesus in der Bergpredigt über die goldene Regel, die sich auch in der Tora des Moses findet, hinaus mit seiner Ethik der Zuvorkommenheit, die in der Feindesliebe gipfelt:

> »Liebet eure Feinde, bittet für die euch verfolgen,
> damit ihr Kinder seid eures Vaters im Himmel« (Mt 5,44-45).

Als jemand Konfuzius fragte: »Was ist von dem Wort ›Vergilt Böses mit Gutem‹ zu halten?« antwortete der Meister: »Vergilt Böses mit Gerechtigkeit und Gutes mit Gutem« (XIV, 36). Für den Apostel Paulus jedoch gilt nach dem Vorbild Jesu: »Lass dich nicht vom Bösen überwinden, sondern überwinde das Böse mit Gutem« (Röm 12,21).

Erst damit entsprechen Menschen dem »Willen des Himmels« und sind im Einklang mit der Weisheit der Erde:

> »Denn er lässt seine Sonne aufgehen über Böse und Gute
> und lässt regnen
> über Gerechte und Ungerechte« (Mt 5,45).

Liebe gibt es nicht nur auf Gegenseitigkeit, wer wirklich von der göttlichen und weisen Liebe ergriffen ist, geht auf den Fremden, selbst auf den Feind zu, kommt ihm zuvor und schafft in den Verhältnissen auf Gegenseitigkeit etwas Neues. Dafür gibt es schon bei Konfuzius Weisungen:

> »Der Edle tritt mit niemandem in eifernden Wettstreit, selbst beim Bogenschießen bleibt er zuvorkommend und lässt seinem Gegner den Vortritt...
> So bleibt er auch im Wettstreit immer noch ein Edler« (III, 7).

Auf die moderne kapitalistische Konkurrenzgesellschaft übertragen, lässt sich der anständige Mensch nur begrenzt auf diese ein. Gewinnt er, hilft er dem Verlierer auf, denn er ist mehr an menschlicher Kooperation als am geschäftlichen Gewinn interessiert. Indem er dem »Gegner« zuvorkommt, gibt er ihm die Chance, seine Gegnerschaft abzulegen und den Konkurrenzkampf als sportlichen Wettstreit nach humanen Regeln anzusehen. Er bleibt souverän.

»Der Edle lässt sich nicht als Werkzeug missbrauchen« (II, 12).

4. Der leidenschaftliche Mensch

Die Weisheit des Konfuzius klingt zwar wie die stoische Moral der europäischen Antike:

»Die Tugend der goldenen Mitte ist das Vollkommenste« (VI, 27).

Auf der anderen Seite begegnet der edle Mensch dem Leben jedoch keineswegs mit stoischer Apathie oder moderner Gleichgültigkeit:

»Nur gute Menschen sind imstande, zu lieben und zu hassen« (IV, 3).

Die Liebe zum Guten kommt aus der inneren Güte des Herzens und ist darum vom Bösen unberührt. Darum gehört zum Guten auch die unerschütterliche Beharrlichkeit, mit der man dem Bösen nicht nachgibt. Wir versuchen, den leidenschaftlichen Menschen als den liebenden Menschen zu verstehen und nehmen zuerst Gedanken von Konfuzius auf.

Er sieht die Liebe in zwischenmenschlichen Verhältnissen. Da ist die »ehrfürchtige Liebe« der Kinder zu den Eltern und die »brüderliche Liebe« zu den »Brüdern«. Über die Liebe zwischen Mann und Frau oder zu den Töchtern spricht er nicht. (I, 2) Die Liebe in der Familie ist die Grundlage des Staates und der Sittlichkeit. Es ist die natürliche Liebe, mit der man der Natur der Generationen des Menschengeschlechts entsprechend lebt.

Wir nehmen Vorstellungen aus dem antiken europäischen Kulturkreis auf, wenn wir davon die erotische Liebe unterscheiden.

Diese Liebe wird durch die reizvolle Schönheit des Gegenstands oder Gegenübers erweckt und angezogen. Das ist die bekannte »eros-eidos«-Beziehung, die im Kosmos zur Sympathie aller Dinge führt. Eros ist das Geheimnis des Lebens in allen seinen Formen. Eros ist auch das Geheimnis der göttlichen Weltregierung. Wie bewegt nach Aristoteles der »Unbewegte Beweger« den Kosmos? Er bewegt die Welt als Geliebter, ohne sich selbst zu bewegen: Er zieht durch seine vollkommene Schönheit und Güte die Liebe aller Dinge auf sich und bringt sie dadurch zur Weltharmonie. Das wurde zur Grundlage der christlichen Gottesliebe, die in der mittelalterlichen Mystik die Sprache der Erotik annahm. Davon unterschieden wird gewöhnlich die Agape, die selbstlose, sich hingebende Liebe.[50] Im Unterschied zur hellenistischen Umwelt verwendet das Neue Testament das Wort »Agape« durchgehend, jedoch nicht nur für die Nächstenliebe, sondern auch für die geschlechtliche Liebe und für die Gottesliebe. Der Ausgangspunkt für die Unterscheidung von der erotischen Liebe ist die Gotteserfahrung: Gott ist Liebe, und Gott liebt die Welt mit Hingabe, wie in der Inkarnation des Logos zu erkennen ist. Menschliche Liebe ist Antwort auf diese aktive, zuvorkommende, leidenschaftliche und leidensbereite Liebe Gottes.

Wir gehen über die ehrfürchtige, die erotische und die selbstlose Liebe hinaus, wenn wir diese Liebe als eine schöpferische Liebe auffassen. Liebe wird schöpferisch, wenn sie mit Hoffnung gepaart ist. Sie wird dann nicht nur auf vorhandene Schönheit oder vorhandene Anmut, sondern auf zukünftig Mögliches ausgerichtet, um für die Geliebten neues Leben zu schaffen. Das bezieht sich in der sozialen Welt auf die Nächsten und die Fremden und auf die Verhältnisse, die verändert werden können, damit Leben geliebt werden kann.

50 Anders Nygren, Eros und Agape, Gütersloh 1957.

Das bezieht sich auch auf die Erde, deren Leiden geheilt werden können. Das bezieht sich auf Gott, dessen Reich »wie im Himmel so auf Erden« vorweggenommen wird. Neues wird geschaffen, das der erhofften Neuschöpfung aller Dinge in Gerechtigkeit entspricht.

Diese Verbindung von Liebe und Hoffnung zum schöpferischen Tun mag eine Eigenart der christlichen, westlichen und modernen Welt sein. Konfuzius orientierte sich nicht an der Zukunft, sondern an der Herkunft:

> »Ich schaffe nicht neu, ich überliefere,
> ich glaube an das Altertum und liebe es« (VII, 1).

Die immer neue Wendung zur Herkunft hat jedoch Europa zum Kontinent der Renaissancen, der Reformationen und der Revolutionen gemacht. Warum? Weil in der Herkunft immer mehr steckt, als in der Geschichte herausgekommen ist. Vergleicht man die Gegenwart in der Geschichte mit deren Ursprung, dann wird die Rückkehr in den Ursprung zum Sprungbrett in eine andere Zukunft. Durch die Bibel als Testament der Verheißungen Gottes und Testament der Auferstehung Christi wurde Europa zum unruhigen Kontinent im Guten wie im Bösen für den Rest der Welt. Der »Wille des Himmels« wird in der Prophetie des Neuen angesagt:

> »Gedenket nicht an das Frühere und achtet nicht auf das Vorige,
> denn siehe ich will ein Neues schaffen,
> jetzt wächst es auf, erkennt ihr es nicht?« (Jes 43,38-39)

Es wird im christlichen Glauben genau so erfahren:

> »Ist jemand in Christus, so ist er eine neue Kreatur.

> Das Alte ist vergangen, siehe alles ist neu geworden« (2 Kor 5, 1).

Denn der »Wille des Himmels« offenbart jene Zukunft des Kosmos, der Menschen, der Erde und des Himmels, von der der Schöpfer spricht:

> »Siehe ich mache alles neu« (Offb 21, 5).

Diese Kategorie des Neuen ist aus dem messianischen Glauben in die Praxis der Modernen Welt gekommen, die auf deutsch darum »Die Neuzeit« heißt. Nicht zuletzt kommt es auf die Liebe zum Leben an.

> »Als jemand (Konfuzius) fragte: ›Darf ich nach dem Tod fragen?‹,
> antwortete er: Solange du noch nicht das Leben kennst,
> wie willst du den Tod kennen?« (XI, 11)

Wie lernt man das Leben kennen? Das menschliche Leben wird durch die Liebe zum Leben lebendig, denn es kann auch verneint und gehasst werden. Ein geliebtes Leben gewinnt seine Vitalität durch das angeborene Streben nach Glück. *The Pursuit of Happiness* ist seit der amerikanischen Unabhängigkeitserklärung ein Menschenrecht. Die Erfüllung des Lebens im Glück zu suchen, ist nicht nur privates, sondern auch ein öffentliches Menschenrecht. Darum müssen die Verhältnisse des öffentlichen Lebens so geordnet werden, dass ein »gutes Leben« für alle möglich wird. Das ist die „harmonische Gesellschaft«.

Nehmen wir dieses Streben nach Glück ernst, dann erkennen wir sofort das massenhafte Unglück des armen Volkes und beginnen, mit den Unglücklichen zu leiden. Durch unsere Compassion werden wir in ihre Passion hineingezogen. Darum ist diese Mitleidenschaft die Kehrseite des Strebens nach dem Glück. Wir können leicht die Gegenprobe machen: Wenn uns das Glück gleichgültig wird, nehmen auch wir das Unglück nicht mehr wahr. Je mehr wir aber glücksfähig werden, desto mehr werden wir fähig zum Leiden und zum Mitleiden. Das ist die große Dialektik des menschlichen Lebens. Durch die Liebe lernen wir das Leben kennen und mit dem Leben auch den Tod. Darum ist die Liebe dem Leben und dem Tod überlegen.

> »Nicht das Leben, das sich vor dem Tode scheut
> und von der Verwüstung rein bewahrt,sondern das ihn erträgt und in ihm sich erhält,
> ist das Leben des Geistes
> Er gewinnt seine Wahrheit nur,
> indem er in der absoluten Zerrissenheit sich
> selbst findet«,

schrieb Hegel in seiner berühmten *Phänomenologie des Geistes* 1803.[51]

In schöpferischer Liebe sind Menschen in Resonanz auf den stets Neues schaffenden Gott im Einklang mit dem Himmel, der auf die Erde wartet, mit der Erde, die auf den Himmel wartet, und in Solidarität mit allen »ängstlich harrenden Geschöpfen« und der hoffenden Schöpfung (Röm 8,19-20).

51 Georg Wilhelm Friedrich Hegel, Phänomenologie des Geistes, hg. Johannes Hoffmeister, PhB 114, 29.30.

IV. Der ökologische Mensch

Wir kommen am Schluss auf den »modernen Menschen« zurück (I, 6) und ermessen die Umrisse des postmodernen und sich ökologisch seiner selbst bewussten Menschen. Damit stellen wir die dargestellte »kosmische Anthropologie« in den neuen ökologischen Kontext einer überlebensfähigen Zukunft der Erde. Jede Anthropologie ist kontextuell bedingt. Auch die abstrakte philosophische, auch die transzendentale theologische Anthropologie sind kontextbedingt; wäre es anders, wären sie auch nicht kontextrelevant. Das heißt nicht, dass sie »nichts anderes als« eine Reflexion des jeweiligen Kontextes wären, denn sie haben durchaus kontexttranszendente Orientierungen. Aber ohne kulturgeschichtliche, soziologische und politologische Dimensionen wird keine Anthropologie konkret. In den vorausgreifenden Vorstellungen über den »ökologischen Menschen« beginnen wir darum mit der absehbaren Entwicklung in Politik und Wirtschaft:

1. Von der Weltpolitik zur Erdpolitik: Menschliche Identität im Wandel[52]

a) Bis zum 2. Weltkrieg war die politische Organisation der Völker im Westen der Nationalstaat. Die europäischen Nationalstaaten hatten sich jedoch im 19. Jahrhundert Kolonialreiche zugelegt und stellten sich auch als Imperien dar, ganz besonders das

52 Eine gemeinsame Religion der Erde. Weltreligionen in ökologischer Perspektive, in: ÖR 60, 1/2011, 18-29.

British Empire. Auf universale Herausforderungen reagierten diese Nationalstaaten mit internationalen Verträgen. Nach dem 1. Weltkrieg wurde der Völkerbund, nach dem 2. Weltkrieg die Vereinten Nationen gegründet. Es besteht jedoch bis heute nicht nur in den Vereinten Nationen, sondern sogar in der Europäischen Gemeinschaft ein Misstrauen gegen transnationale Institutionen, für die Nationen Teile ihrer Souveränität abtreten müssen.

Gemeinsame politische Antworten auf gegenseitige Bedrohungen waren und sind noch heute und auch in der Europäischen Gemeinschaft Angelegenheiten nationaler Außenpolitik und werden durch internationale Verträge geregelt.

Die politische Identität der Menschen ist deshalb national bestimmt, wie auf ihren Identitätskarten und Pässen zu sehen ist, aber immer mehr Menschen werden zu Migranten und müssen ihre nationale Identität wechseln, um Arbeit und Überlebenschancen zu finden.[53] Die ökonomische Globalisierung macht die nationale Identität flexibler und verlangt eine stärkere individuelle Identität, die dem Verlust der Heimat und den Erfahrungen der Fremde gewachsen ist.

b) Je stärker aber die globalen Gefahren wachsen, desto weniger sind die partikularen Nationen in der Lage, den Frieden zu sichern und das Leben zu schützen. Carl-Friedrich von Weizsäcker hat schon 1963 gefordert, die nationale Außenpolitik zur Weltinnenpolitik umzugestalten.[54] Dem entspricht der Übergang von der »Nationalökonomie« des 19. Jahrhunderts zur »Weltwirtschaft« im 21.

53 Nancy Bedford, Gärten anpflanzen, den Bäumen lauschen. Auf dem Weg zu einer feministisch-theologischen Subjektivität in der Migration, In: ed. Virginia Azcuy; Margit Eckholt, Citizenship-Biografien-Institutionen. Perspektiven lateinamerikanischer und deutscher Theologinnen auf Kirche und Gesellschaft, Zürich/Berlin 2009, 179-192.

54 Carl-Friedrich von Weizsäcker, Bedingungen des Friedens, Frankfurt 1963, 9.

Jahrhundert. Damit wird das Zentrum des Interesses von den Interessen der eigenen Nation auf das Überleben der Menschheit verschoben. Nationale und ideologische Werte müssen dem Überleben der Menschheit untergeordnet werden, Konflikte zwischen Nationen, Religionen und Klassen dürfen den Fortbestand der Menschheit nicht bedrohen.

Die politische Identität der Menschen wird zunehmend mehr menschheitlich bestimmt. Dafür sind die allgemein anerkannten Erklärungen der Menschenrechte (1948, 1966) maßgeblich. Jeder Mensch ist nicht nur Träger nationaler Rechte, sondern auch universaler Menschenrechte. Schwere Menschenrechtsverletzungen wie Völkermord, ethnische Säuberung, Terror gegen das eigene Volk können vor Internationalen Gerichtshöfen wie in Den Haag angeklagt, und die Massenmörder können durch internationalen Haftbefehl festgenommen werden. Ungeachtet seiner nationalen Identität ist jeder Mensch in dieser Hinsicht auch »Weltbürger«.

c) Endlich ist der zukünftige Schritt von der Weltinnenpolitik zur Erdpolitik absehbar.[55] Die ökologischen Katastrophen machen an Landesgrenzen nicht halt, sondern bedrohen alle Nationen. Eine großräumige Strategie zu ihrer Bewältigung ist auf internationaler Ebene kaum noch möglich. Eine gemeinsame Erdpolitik verlangt trans-nationale Institutionen. Für die genannte Weltinnenpolitik liefern die universalen Menschenrechte einen guten Ausgangspunkt; für die zukünftige Erdpolitik müssen die Rechte der Erde und aller Lebewesen formuliert und durchgesetzt werden, und zwar, wie es in der Präambel der »Earth Charta« der UNESCO heißt: »unabhängig von ihrem Wert für

55 Ernst-Ulrich von Weizsäcker, Erdpolitik, Darmstadt 1991.

den Menschen«. Andere Lebensformen der Natur müssen »um ihrer selbst willen« geschützt werden.[56]

Die politische Identität der Menschen wird dann von der Erde bestimmt. Menschen sind »Teil der Natur«, wie es in der Earth Charta heißt. Der ökologische Mensch versteht sich aus den Lebenszusammenhängen der Erde. Er versteht sich nicht als eine göttliche Person, die sich über die Natur erhebt und sich ihr gegenüberstellt, sondern als eine Hypostase der Natur, in der sich die Natur ihrer selbst bewusst wird. Er versteht sich als Erdbewohner und ordnet sich demokratisch in die Gemeinschaft der Erdgeschöpfe ein.

Seine »Weltreligionen« werden zur gemeinsamen Religion der Erde.[57] Seine Weltwirtschaft wird zur gemeinsamen Erdwirtschaft werden. Erdwirtschaft gründet in »erneuerbaren Energien« und Circulation economy „from cradle to cradle«.[58] An die Stelle quantitativer Fortschrittswerte treten die Kreisläufe der Wiedergeburt der Kräfte. Die Zukunft der Erde liegt nicht im weiteren Rohstoffverbrauch, sondern im Müll, d. h. in der Wiederaufbereitung der verwendeten Materialien. Diese Kreisläufe sichern Stabilität und entsprechen der Weisheit der Natur der Erde.

56 Jürgen Moltmann, Menschenrechte, Rechte der Menschheit und Rechte der Erde, in: Gott im Projekt der modernen Welt, Gütersloh 1997, 111-124.

57 Ders., Eine gemeinsame Religion der Erde. Weltreligionen in ökologischer Perspektive, in: Ökumenische Rundschau 1/2001, 18-30.

58 Michael Braungart/William McDonough, Die nächste industrielle Revolution. Die Cradle-toCradle-Community, Hamburg 2009², über die perfekte Kreislaufwirtschaft.

2. Die ökologische Stadt

- Die moderne Tendenz zur Zentralisierung und zur Supercity ist extrem umweltzerstörend und naturfeindlich. Die modernen Kommunikationsmittel machen eine Umkehr möglich. In der virtuellen Welt des Internets werden Entfernungen überwunden und alle Menschen einander fast gleichzeitig. Sie müssen nicht zusammen wohnen, um einander nahe zu sein. Schon seit Jahren werden europäische Call-Center im indischen Bangalore betrieben. Also kann man dezentralisieren und die Peripherien aufwerten.
- Es wird statt der Landflucht ein Zug von der City auf das Land einsetzen, wenn die Lebensbedingungen, Bildungsmöglichkeiten und Arbeitsplätze auf das Land und an die Peripherien verlagert werden.[59]
- Man kann nicht nur die Stadt mit ihren vielen Lebensmöglichkeiten auf das Land bringen, sondern auch das Land in die Stadt. Dann werden die lebensfeindlichen Steinwüsten zu Gartenstädten und das Citygardening wird in Mode kommen.
- Es kommt darauf an, dass Stadtbewohner wieder Erdboden unter die Füße bekommen, reine Luft atmen und blauen Himmel über ihren Industriegebieten sehen. Das ist durch neue Energietechnik in den Häusern und Elektroautos auf den Straßen durchaus möglich. Statt des Autoverkehrs lassen sich auch andere Verkehrsverbundsysteme entwerfen. Eine kinderfreundliche Stadt wird familiengerechtes Wohnen erlauben und die moderne Singlekultur überwinden.
- Nicht zuletzt wird eine ökologische Kultur auf die Bedürfnisse und die Grenzen menschlicher Körper und Sinne Rücksicht

59 Das ist F.H. Cardosos bekannte Dependenztheorie. Die Entwicklung der Städte als Zentren geht zu Lasten des Landes. Die Peripherien werden unterentwickelt.

nehmen. Der moderne, körperausbeutende Lebensstil wird sich ändern. Nehmen Menschen die Natur draußen wieder wahr, dann werden sie auch ihre eigene Natur respektieren und nach Harmonie mit den Möglichkeiten und Grenzen ihres Körpers suchen.[60]

60 Dieter Kamper/Christian Wulf, Die Wiederkehr des Körpers, Frankfurt 1982.

KAPITEL 3: WEISHEIT IN DER KLIMAKRISE

1. Die technische Transformation

Nach 200 Jahren rücksichtslosen Fortschritts in der Industriegeschichte der Menschheit stehen wir vor einer Katastrophe: Die Luftverschmutzung mit C02-Gas erreicht die gefährlichen 2 %, die Ozeane sind voller Plastikmüll, kein Fisch ist mehr frei davon, die Menschheit hat sich ohne Grenzen vermehrt, die Regenwälder werden abgeholzt und das Ackerland wird in Afrika und Asien zur Wüste. Die Urbanisierung der Menschheit wächst, Städte mit mehr als 10 Millionen Einwohnern gelten als MegaCities. Die Umweltbelastung wächst exponentiell.

Die alten industrialisierten Nationen sind schuld daran, dass es in Ostafrika zu Dürren kommt, dass Pakistan und Nigeria überschwemmt werden und dass Inseln in Ozeanien im Meer verschwinden.

Die Antwort der Natur der Erde kennen wir auch: Erderwärmung, Klimawandel, Artensterben, die Gletscher in der Arktis und Antarktis und auf Grönland schmelzen, der Meeresspiegel wird sich erhöhen, Inseln und Küstenstädte werden überschwemmt. Die Winde um den Nordpol wechseln und Europa steht die Dürre bevor. Es ist, als würde die Natur zurückschlagen. Und das kommt aus der Atmosphäre, deren Wetter und Klima die Menschen sich niemals »untertan« gemacht haben.

Der Fortschrittsglaube mit seinem linearen Zeitverständnis sieht nur auf die Zukunft und vergisst die Vergangenheit. Er missachtet den Müllausstoß, den der Fortschritt hinterlässt. Und so kommt es nach 200 Jahren Industrialisierung, dass die Luft, die Erde und die Meere voll von Müll sind. Trauriges Beispiel ist die Weltraumfahrt: Der Weltraum um die Erde ist voller Weltraumschrott. Die Natur kennt keinen Müll. Sie verarbeitet alles Abgestorbene. Gegen diese lineare Zeitauffassung hilft nur die zyklische Zeit der Natur der Erde: Kreislaufwirtschaft, Wiederverwertung.[1]

Die industrielle Transformation ist schon im Gange: Erneuerbare Energien, Kreislaufwirtschaft (recycling industries), E-Mobilität, BioLandwirtschaft, »grüner« Wasserstoff.

Es herrscht in der Modernen Welt die Meinung vor, es können die Probleme mit technischen Mitteln gelöst werden. Dabei ist die Weltanschauung stabil, die auf industriellen und technischen Fortschritt setzt: Der moderne Mensch fühlt sich um so göttlicher, je mehr er sich »die Erde untertan« macht und je mehr er über andere Lebewesen »herrscht«. Diese Weltanschauung, die uns in diese ökologische Krise gestürzt hat, wird uns nicht herausführen, sondern tiefer in die Krise verwickeln.[2]

Zu der »Großen Transformation« muss die ökologische Gerechtigkeit hinzukommen, die der Natur, der Erde und den Tieren Rechte gibt. Es gilt auch zu beachten, dass ökologische Gerechtigkeit mit sozialer Gerechtigkeit zusammenhängt, jedenfalls mit den Rechten zukünftiger Generationen.

1 Michael Braungart/William McDonough (Hgg.), Die nächste industrielle Revolution, Die Cradle-toCradle-Community, Hamburg 2009.

2 Jürgen Moltmann, Politische Theologie der Modernen Welt, Gütersloh 2021.

Wir brauchen auch ein neues Naturverständnis, das die Natur der Erde aus der modernen, entfremdenden Objektstellung herausbringt.

Wir brauchen ein neues Menschenbild, das die Menschen in der Schöpfungsgemeinschaft ansiedelt.

Wir brauchen endlich eine neue kosmische Spiritualität, die das gelebte Leben heiligt und »Ehrfurcht vor dem Leben« in allem Lebendigen erweckt.

2. Ökologische und soziale Gerechtigkeit

Gerechtigkeit muss sich in Rechten und Gesetzen verwirklichen. Gerechtigkeit ohne Rechte ist bestenfalls eine menschliche Tugend. Gesetze ohne Gerechtigkeit werden zu Unrecht, wie die Nürnberger Rassengesetze in Nazideutschland. Darum hat die Formel »Recht und Gerechtigkeit« volles Gewicht: Auch ökologische Gerechtigkeit ist ohne Rechte der Natur gegenstandslos. Soziale Gerechtigkeit ist ohne die Rechte der zukünftigen Generationen unbestimmt. Dabei spielt die Universale *Declaration of Human Rights* eine vermittelnde Rolle zwischen Gerechtigkeit und Gesetz.

Die Menschenrechte wurden von der UNO 1948 angesichts der Zerstörungen des 2. Weltkrieges formuliert und beschlossen. Für die Rechte der zukünftigen Generationen und die Rechte der Natur ist jetzt der rechte Zeitpunkt gekommen: Die Naturkatastrophe droht.

Die Vollversammlung des Reformierten Weltbundes hat die »Erweiterung der Menschenrechte« um die »Rechte der zukünftigen Generationen« und die »Rechte der Natur« in Seoul im August 1989 als Vorschlag an die UNO beschlossen.[3]

3 Jan M. Lochman/Jürgen Moltmann, Gottes Recht und Menschenrechte, Neukirchen-Vluyn 1976; Lukas Vischer (hg.), Rights of Future Generations – Rights of Nature, Proposal for enlarging the Universal

a) Rechte zukünftiger Generationen

1. Zukünftige Generationen haben ein Recht auf Leben.
2. Zukünftige Generationen haben ein Recht auf ein unverfälschtes humangenetisches Erbgut, das heißt ein humangenetisches Erbgut, das nicht durch Menschen künstlich verändert wurde.
3. Zukünftige Generationen haben ein Recht auf einen reichhaltigen Planeten und eine Tierwelt, und daher ein Recht auf ein Leben in einer üppigen Natur und auf Erhaltung der vielfältigen genetischen Ressourcen.
4. Zukünftige Generationen haben ein Recht auf gesunde Luft, auf eine intakte Ozonschicht und auf einen ausreichenden thermischen Austausch zwischen Erde und Weltall.
5. Zukünftige Generationen haben ein Recht auf sauberes und genügend Wasser, insbesondere auf gesundes und ausreichendes Trinkwasser.
6. Zukünftige Generationen haben ein Recht auf gesunden und fruchtbaren Boden und auf gesunde Waldgebiete.
7. Zukünftige Generationen haben ein Recht auf wesentliche nicht (oder nur sehr langsam) erneuerbare Rohmaterialien und Energien.
8. Zukünftige Generationen haben das Recht, nicht mit Produkten oder Abfällen früherer Generationen bedroht zu werden, die ihre Gesundheit gefährden oder ausufernde Kosten zum Schutz oder zur Kontrolle erfordern.
9. Zukünftige Generationen haben das Recht zu »kulturellem Erbe«, auf Begegnung mit der Kultur, die frühere Generationen geschaffen haben.

Declaration of Human Rights, Studies from the World Alliance of Reformed Churches 19, Genf 1990. Prof. Dr. Peter Saladin von der juristischen Fakultät in Genf hat uns sehr geholfen, diese Rechte zu formulieren.

10. Zukünftige Generationen haben grundsätzlich das Recht auf physische Bedingungen, die eine würdige menschliche Existenz erlauben. Sie haben insbesondere das Recht, nicht gezwungen zu werden, bewusst zugefügte physische Veränderungen zu akzeptieren, die ihre individuelle oder kollektive Selbstbestimmung in kultureller, wirtschaftlicher, politischer oder sozialer Hinsicht übermäßig einschränkt.

b) Rechte der Natur

1. Die Natur – lebend oder leblos – hat ein Existenzrecht, d.h. auf Erhaltung und Entwicklung.
2. Die Natur hat ein Recht auf Schutz ihres Ökosystems, der Arten und der Bevölkerung in ihrer globalen Verbundenheit.
3. Lebendige Natur hat ein Recht auf Erhalt und Entwicklung ihres genetischen Erbes.
4. Organismen haben das Recht auf Leben für ihre Arten einschließlich der Fortpflanzung innerhalb für sie geeigneter Ökosysteme.
5. Störungen der Natur erfordern einer Berechtigung. Sie sind nur erlaubt
   - wenn die Voraussetzungen der Störungen in einem demokratisch legitimierten Prozess unter Berücksichtigung der Rechte der Natur festgelegt sind
   - wenn die Interessen zur Störung die Interessen auf umfassenden Schutz der Natur überwiegen
   - wenn die Störung nicht übermäßig ist.

   Beschädigte Natur muss wiederhergestellt werden, wo und wie das auch immer möglich ist.

6. Seltene Ökosysteme und vor allem solche mit Artenreichtum müssen unter einen absoluten Schutz gestellt werden. Die Ausrottung von Arten ist verboten.[4]

   Vielleicht werden einmal, analog zu Kapitalgesellschaften (GmbH), auch Natursubjekte zu »juristischen Personen« erklärt. Dann hätten nicht nur die Tiere Rechte, sondern auch Wälder, Berge und Landschaften wie Moore.

3. Ein neues Naturverstehen

Wilhelm Dilthey hat den Unterschied zwischen Erklären und Verstehen hervorgehoben: Wissenschaft erklärt, Hermeneutik versteht. Wir können den subjektiven Test leicht machen: Wer mich erklärt, und wer mich versteht. Objekte müssen erklärt werden, Subjekte müssen verstanden werden. Bisher haben wir die Natur dem wissenschaftlichen Erklären überlassen, jetzt kommt es darauf an, die Natur zu verstehen. Das setzt voraus, dass wir die Natur der Erde aus der Objektstellung hinsichtlich der Menschen befreien und die Natur als Subjekt verstehen.[5]

Vernunft wird im Zeitalter der Aufklärung nur noch als »instrumentelle Vernunft« verstanden. Natur wird als Objekt der Menschen behandelt. Die Wissenschaft erklärt die Natur, die Technik unterwirft sie und die Industrie beutet sie aus. Das entfremdet die Lebenswelt der Natur draußen und auch die Natur der Lebenswelt des Menschen drinnen. Max Horkheimer und Theodor W. Adorno haben das die »Dialektik der Aufklärung« 1969 genannt: »Die Men-

4 Ebd. 12-13

5 Karl-Otto Apel, Die Erklären-Verstehen-Kontroverse in transzendentalpragmatischer Sicht, Frankfurt 1979.

schen bezahlen die Vermehrung ihrer Macht mit der Entfremdung von dem, worüber sie Macht ausüben. Die Aufklärung verhält sich zu den Dingen wie ein Diktator zu den Menschen. Er kennt sie, insofern er sie manipulieren kann. Der Mann der Wissenschaft kennt die Dinge nur, sofern er sie machen kann«.[6]

Und Ernst Bloch schreibt treffend:

> »Unsere bisherige Technik steht in der. Natur wie eine Besatzungsarmee in Feindesland und vom Landesinneren weiß sie nichts«.[7]

Die Objektstellung der Natur und der anderen Lebewesen schärft auch die biblische Schöpfungsgeschichte ein: »Macht euch die Erde untertan und herrscht über die Tiere« und verbindet das mit der alleinigen »Gottebenbildlichkeit« der Menschen. Dieses »imago Dei – dominium terrae«-Komplex hat bei der westlichen, modernen Natureroberung Pate gestanden.

Und noch etwas ist wichtig bei der modernen Naturbemächtigung: die römische Devise der Herrschaft »divide et impera«. Die mechanistische Welt teilt die Zusammenhänge der Natur in kleine Stückchen, Partikel genannt, auf, erforscht diese und erklärt sie, und setzt sie dann nach menschlichen Maßstäben wieder zusammen. So entsteht die »Zweite Schöpfung« der Menschen. Das nennt man die »Verdinglichung« der Natur.

Aber die Natur lässt sich das auf die Dauer nicht gefallen, sie schlägt zurück. Die zukünftige Naturkatastrophe ist nicht nur »menschengemacht«. Wir möchten »alles machen«, auch unseren Untergang. Das ist der »Gotteskomplex« der modernen Menschen.

6 Max Horkheimer/Theodor W. Adorno, Dialektik der Aufklärung, Frankfurt 1969, 15.

7 Ernst Bloch, Das Prinzip Hoffnung, Frankfurt 1959, 814.

Wir »erklären« alles, auch uns selbst, aber wir verstehen nichts, nicht einmal uns selbst.

Gibt es ein Natursubjekt? Alle Anzeichen deuten darauf hin. Nach der modernen Weltanschauung ist die Erde eine geistlose Ressource von materiellen und energetischen Gütern, voller »Bodenschätze«, die es auszubeuten gilt.

Nach den heutigen Erdwissenschaften aber ist der Planet Erde mit seiner Atmosphäre und Biosphäre ein »lebendiger Organismus«, weil er Leben hervorbringt und Leben erhält. Das formuliert die Gaja-Hypothese, jetzt Gaja-Theorie, von James Lovelock.

Nach den Schöpfungsgeschichten des Alten Testaments ist die Erde ein einzigartiges schöpferisches Geschöpf: »Es lasse die Erde aufgehen Gras und Kraut ...« (Gen 1, 11), »sie bringe hervor lebendiges Getier...« (Gen 1, 24). Vom Menschen heißt es: »Du bist Erde und sollst zu Erde werden« (Gen 3, 19). Die Erde ist nicht lebendig wie alles Lebendige, weil sie sich nicht selbst reproduziert, sondern weil sie anderes Leben »hervorbringt«. Von keinem anderen Geschöpf wird das gesagt, auch vom Menschen nicht. Die Erde bietet nicht nur »Lebensraum für eine vielfältige Gemeinschaft von Lebewesen«, wie die Earth-Charta von 2000 sagt, sondern sie ist der hervorbringende Mutterschoß allen Lebens. Alles Lebendige verdankt sich der Fruchtbarkeit der Erde.

Für den großen Propheten Jesaja birgt die Erde auch ein Heilsgeheimnis:

> »Die Erde tue sich auf und bringe Heil, Gerechtigkeit wachse mir zu« (Jes 45,2).

Der rumänische Theologe Dumitru Staniloae schreibt in seinem Werk *Orthodoxe Dogmatik*: »In der abendländischen Theologie gab es des Öfteren Bestrebungen, die Erlösungen der Menschen von der Natur zu trennen. Das morgenländische Christentum hat beides nie voneinander getrennt«. »Die Welt als das Werk der Liebe Gottes ist dazu bestimmt, vergöttlicht zu werden«. »Die gesamte Natur ist für die Herrlichkeit bestimmt«.[8] Das ist das christliche Gegenbild zur Vernichtung der Natur durch die Menschen; Natur und Menschen haben die gleiche Zukunft, die orthodox Theosis heißt, »Vergöttlichung«.

Ernst Bloch hatte mit seinem Bild von der modernen Technik, die wie eine Armee in Feindesland steht, mit dem »Landesinneren« das verborgene »Natursubjekt« gemeint. »Denn der Begriff eines dynamischen Subjektes in der Natur ist in letzter Instanz ein Synonym für den noch nicht manifestierten Daß-Antrieb (das immanenteste Agens) im Realen überhaupt«.[9] Bloch wendet sich mit der Idee eines »Natursubjekts« gegen die bürgerliche »Verdinglichung« der Natur und des Technikers als »bloßem Überlisters und Ausbeuters« der Natur. Das »Natursubjekt« hatte auch Spinoza im Blick, wenn er von der natura naturans und von der natura naturata sprach. Bloch aber geht das »Natursubjekt« marxistisch an, wenn er die Vorbedingung macht, dass erst der »arbeitende Mensch« sich als »Subjekt der Geschichte« erfasst haben muss, bevor er »auch dem Produktionsherd in der Naturwelt« nähertreten könne. Bloch schwebt eine »mögliche Naturallianz« mit der Menschheit vor, eine Art »Alllianztechnik«.

Das noch nicht manifeste »Natursubjekt« regt jedenfalls dazu an, nach der Objektivierung der Naturphänomene, ohne die wir nichts erklären könnten, diese Objektstellung aufzuheben und die ursprüngliche Subjektivität wieder herzustellen. Die »Verdinglichung«, ohne die wir nichts erkennen, wieder aufzuheben und die

8 Dumitro Staniloae, Orthodoxe Dogmatik, Gütersloh 1985, 293,294.

9 Ernst Bloch, Das Prinzip Hoffnung, 786ff.

Naturphänomene in seinen ursprünglichen Zusammenhängen wieder wahrzunehmen, gehört zum Verstehen der Natur.

4. Ein neues Menschenbild

Der Herrschaftsauftrag der Menschen aus der Schöpfungsgeschichte ist heute angesichts der ökologischen Krise umstritten, denn er soll nicht nur »die Erde untertan machen«, sondern über alle Tiere zu Land, zu Wasser und in der Luft »herrschen«. Psalm 8,7 vertieft das noch: »Du hast ihn zum Herrn gemacht über deiner Hände Werk, alles hast du unter seine Füße getan«, dann kommen die Tiere zu Land, zu Wasser und in der Luft. Und nach dem Noahbund (Gen 9,2) sollen »Furcht und Schrecken vor euch sein über allen Tieren auf Erden und über allen Vögeln unter dem Himmel und über allen Fischen im Meer, in eure Hände seien sie gegeben«. Das klingt heute eher nach einer Kriegserklärung an die Tiere als nach einer Schöpfungsgemeinschaft mit ihnen.

Aber mit dem »Herrschaftsauftrag« in der Schöpfungsgeschichte ist die »Gottebenbildlichkeit« der Menschen gegeben. In der Modernen Welt hat man die Gottebenbildlichkeit immer auf den Herrschaftsauftrag bezogen: Je mehr die Menschen die »Erde untertan« machen, um so gottähnlicher werden sie. Dann ist es besser, die Gottebenbildlichkeit theologisch auf die Gottesherrschaft zu beziehen, um den »Herrschaftsauftrag« der Menschen auf die Gottesherrschaft zu orientieren (Paul Dieterich).

1. *Das erste Gebot* sagt: »Ich bin der Herr, dein Gott, der ich dich aus Ägyptenland, aus der Knechtschaft, geführt habe« (Ex 20,2). »Auch die Schöpfung wird frei werden von der Knechtschaft der Vergänglichkeit ...« schreibt Paulus in Römer 8,20. Also ist

die Gottesherrschaft eine erlösende Befreiung. Israel hat sie so erlebt. Am Ende wird die »Befreite Schöpfung« (Leonardo Boff) stehen. Danach sollte menschliches »Herrschen« über die Natur der Erde und die Natur der Tiere ausgerichtet sein.

2. Jesus Kyrios: Jesus ist der Herr. »Selig sind die Sanftmütigen, denn sie werden das Erdreich besitzen«, sagt die 3. Seligpreisung Jesu (Mt 5,5). Die »Sanftmütigen« stehen in der Nachfolge Jesu. Jesus ruft »die Mühseligen und Beladenen« zu sich. »Nehmet auf mein Joch, und lernt von mir, denn ich bin sanftmütig und von Herzen demütig«, sagt Jesus nach Mt 11,28. Das orientiert den »Herrschaftsauftrag« der Menschen an Sanftmut, die Erde zu verstehen, nicht an Gewalt, die Erde untertan zu machen. Jesus war nach seiner Versuchung in der Wüste, bevor er zu den Menschen ging, »bei den wilden Tieren und die Engel dienten ihm« (Mk 1,13). Man erwartet, dass er bei den Engeln war und die Tiere ihm dienten, aber Markus formuliert umgekehrt, um zu sagen: Jesus war bei den wilden Tieren wie bei Freunden. Er verbreitete weder Furcht noch Schrecken, und der Himmel diente ihm.
   Sanftmütig mit Pflanzen umzugehen heißt, ihren Eigenwert anzuerkennen und nicht nur nach dem Nutzwert für die Menschen zu fragen.
   Sanftmütig mit Tieren umzugehen heißt, sie als »Mitgeschöpfe« in der Schöpfungsgemeinschaft anzuerkennen und sich als »Mitgeschöpf« der Tiere zu wissen, wie das Tierschutzgesetz von 1986 sagt.
   Sanftmut ist Mitgefühl und Empathie, Aufmerksamkeit und Achtsamkeit, Geduld und »Ehrfurcht vor dem Leben« in allen Lebendigen, Sanftmut versucht, die Zusammenarbeit mit der Natur zu üben, statt Gewalt auszuüben. Sanftmütig ist die Liebe zum Gegenüber, die Voraussetzung aller Erkenntnis ist. »Wis-

senschaft ist Macht« hatte es in der Modernen Welt geheißen, die Wissenschaft mit Technik verbunden hat. Sanftmut bevorzugt die Kombination von Wissenschaft mit Weisheit.

Aus der altchinesischen Kultur kommt der taoistische Einklang mit der Natur durch die Integration des Menschen in die Natur und das Wirken durch Nichteingreifen in die Natur der modernen Suche nach einer überlebensfähigen Kultur sehr entgegen. »Nicht wider die Natur zu handeln, fördert der Dinge Gedeihen« (Tao te King, 43). Die mythische Vorstellung von der Erde, als »Mutter der zehntausend Wesen« enthält jene Weisheit, die aus der Einsicht in die ökologischen Lebensbedingungen der Erde entsteht. Nicht »Herren und Eigentümer der Natur«, sondern »Kinder« des Ökosystems »Erde« sind die Menschen. »Erzeugen, doch nicht besitzen, Tun, doch nicht drauf bauen, leiten, doch nicht beherrschen, dies nennt man Mystische Tugend« (10). Die sanfte Wende von der »harten Technologie« (hard power) zur »sanften Technologie« (soft power) wird so beschrieben: »Wenn der Mensch geboren wird, ist er weich und schwach, wenn er stirbt, ist er fest und stark ... wahrlich: Das Feste, Starke ist des Todes Begleiter; das Weiche, Schwache des Lebens Begleiter.« »Nichts auf Erden ist so weich und schwach wie Wasser, dennoch im Angriff auf das Feste und Starke wird es durch nichts besiegt. Schwaches besiegt das Starke, Weiches besiegt das Harte« (78).

Wieso braucht es zur Sanftmut Mut? Weil man hochgradig verletzbar wird, wenn man den Schutzwall seines Inneren verlässt und sich ganz öffnet. Die Gewalttätigen haben eine Rüstung an, um den Kampf mit der Natur zu bestehen, der sie aber in ihrer Wahrnehmung behindert. Die sanfte »Macht der Liebe« erkennt die Wirklichkeit unvoreingenommen. Sie lässt leben und aufleben. Sie ist langmütig, während die Gewalt immer ungeduldig ist. Sie ist geduldig, während Ungeduld immer zu Gewalttätigkeiten greift. Sanftmut räumt den anderen Kreaturen Lebensraum und ihre Lebenszeit ein. In der Schöpfungsgemeinschaft schont Sanftmut die schwächeren Geschöpfe. Die »schwächeren« Geschöpfe sind notwendig, denn alles ist mit allen verwandt in der Schöpfungsgemeinschaft. Jeder Grashalm kann, was der Mensch nicht von Natur aus kann: Photosynthese, und er produziert Sauerstoff, was die Menschen lebensnotwendig zum Atmen brauchen.

Kooperation mit der Natur ist besser als Konfrontation. Zur Konfrontation sind wir genötigt, wenn die Natur für uns lebensgefährlich wird, z.B. bei Naturkatastrophen und Krankheiten.

5. Kosmische Spiritualität

Wie das Wort »Spiritualität« sagt, handelt es sich um eine Ergriffenheit der Menschen vom Geist Gottes. Spiritualität entwickelt sich immer dort, wo der Geist Gottes erfahren und dann erwartet wird. Ist »die Liebe Gottes ausgegossen in unsere Herzen durch den Heiligen Geist, der uns gegeben ist« (Röm 5,5), entsteht eine *Herzensfrömmigkeit*, die sich auszeichnet durch Gottvertrauen und Herzensgüte gegenüber jedermann. Ist der Geist Gottes in unsere Seelen ausgegossen, dann entwickelt sich die Spiritualität des »inwendigen Lebens«: Die Selbsterkenntnis führt zur Gotteserkenntnis. »Gott und die Seele will ich wissen. Sonst nichts? Sonst überhaupt nichts«, hatte Augustin in seinen Soliloquien geschrieben und damit die abendländische *Seelenspiritualität* begründet.[10] Die Seele sucht Gott

10 Martin Grabmann, Die Grundgedanken des Heiligen Augustinus über Seele und Gott in ihrer Gegenwartsbedeutung (1929), Darmstadt 1957; Jürgen Moltmann, Gott und die Seele – Gott und die Sinne, in:

nicht in den sinnlichen Erfahrungen, sondern in sich selbst. Die Seele ist das wahre Subjekt im Menschen. – Durch Selbsterkenntnis wird der Mensch seiner selbst und Gottes unmittelbar bewusst.

Wird der Geist Gottes »ausgegossen auf alles Fleisch« (Apg 2,17), dann entsteht eine *Spiritualität des gelebten Lebens*, denn mit »alles Fleisch« ist alles Lebendige gemeint (Joel, 3, 1-5).

»Du sendest aus Deinem Atem, so werden sie geschaffen und du erneuerst das Antlitz der Erde« (Ps 104,30). Die Metapher »ausgegossen« lässt mehr an Plotins Emanationen denken als an Schöpfung, mehr an Gottes »Atem« als an das »Werk Deiner Hände«. Bei Calvin finden wir die Sentenz:

> »Denn der Geist ist überall gegenwärtig und erhält, nährt und belebt alle Dinge im Himmel und auf Erden. Dass er seine Kraft in alles ergießt und dadurch allen Dingen Wesen, Leben und Bewegung verheißt, das ist offenkundig göttlich«.[11]

Die *sinnliche Welt* wird von unseren fünf Sinnen wahrgenommen. Der originäre Sinn ist der Tastsinn. Wir tasten und fühlen mit den Nervenzellen unserer Haut. Aus der Haut haben Geschmackszellen unseres Mundes, die Riechzellen unserer Nase, die Hörorgane und die Augenzellen gebildet. Man unterscheidet Nah- und Fernsinne: Mit den Nahsinnen des Fühlens, Schmeckens und Riechens nehmen wir unmittelbaren Kontakt zu den Gegenständen auf, die Fernsinne des Hörens und Sehens brauchen als Medien den Schall und das Licht. Alle Sinneseindrücke wirken auf unser *Gesamtbefinden* ein, wie auch unser Gesamtbefinden auf die Sinne einwirkt. Z.B. in tiefer Trauer erlöschen unsere Sinne, wir nehmen nichts mehr

B Janowski/Christoph Schwöbel, Gott – Seele – Welt. Interdisziplinäre Beiträge zu Reden von der Seele, Neukirchen-Vluyn 2013, 71-95.

11 Johannes Calvin, Institutio I, 13

wahr. Auf der anderen Seite macht uns die Lebenskraft der Liebe von innen heraus lebendig und öffnet unsere Sinne.

Unsere Sinnlichkeit wird nicht nur durch unser Gesamtbefinden bestimmt, sondern auch durch die *Kultur*, in der wir leben. Sie fordert bestimmte Sinne heraus und dämpft andere. Die Medien der modernen Welt fordern unsere Fernsinne: Man muss hören und sehen können, um teilzunehmen. Die modernen Verkehrsmittel wie das Auto werden durch unsere Augen und Ohren gesteuert. Auf Licht- und Schallsignale reagieren wir aufmerksam. Was ist mit unseren Nahsinnen geschehen? Sie sind in unserer modernen Kultur unterentwickelt oder werden krank gemacht.

Man muss seine Sinne nicht nur gebrauchen, man muss sie auch ausbilden. Wir sehen mit den Augen viel, aber wir erkennen nur wenig. Man muss das Schauen lernen. Wir hören viel, aber wir hören nicht hin. Jeder Musikunterricht weiß das. Wir brauchen eine Schule der Sinne.

Das Schweigen des Weltraums und die Kälte des Universums können Menschen schon in Schwermut versetzen. »Das ewige Schweigen dieser unendlichen Räume macht mich schaudern«, bekannte Blaise Pascal. Wie können wir unser Dasein bejahen, wenn wir in einer sinnlosen Welt existieren? Es gibt vielleicht kein »starkes anthropisches Prinzip«, aber es gibt ein starkes christologisches Prinzip, um sich zuhause zu fühlen im Kosmos: der »kosmische Christus«.

Das ist die theologische Grundlage für die »kosmische Spiritualität«. Christus ist auch für die Erlösung des Kosmos gestorben. Wenn wir das meditieren, werden wir in den »weiten Raum« Gottes geführt.[12]

12 Leonardo Boff/Mark Hathaway, Befreite Schöpfung. Kosmologie – Ökologie – Spiritualität, Kevelaer 2016; Brigitte Enzner-Probst/Elisabeth Moltmann-Wendel, Im Einklang mit dem Kosmos, Ostfildern 2013; Heinrich Christian Rust, Zuhause in der Schöpfungsgemeinschaft. Dimensionen einer ökologischen Spiritualität, Cuxhaven 2021.

KAPITEL 4: DIE FEMINISTISCHE THEOLOGIE DES LEBENS VON ELISABETH MOLTMANN-WENDEL

Geht es um die Theologie des Lebens, darf die Feministische Theologie nicht fehlen. Ich war und bin mit Feministischen Theologie sozusagen verheiratet. Meine Frau Elisabeth war eine der Ersten, die in Deutschland mit dieser Theologie angefangen hat. Berühmt ist ihr erstes Buch »Menschenrechte für die Frau« 1974, es hat nichts von seiner Aktualität verloren. Ich habe sie auf diesem Wege gestärkt und ermutigt. Ich war immer neugierig gespannt, was sie da wieder entdeckt hatte. Ich bin mit ihr die Spuren von Maria Magdalena nachgegangen und habe mit ihr die Orte auf gesucht, wo die hl. Martha an der Rhone den Drachen bezähmt und nicht totgeschlagen hat wie der hl. Georg. Elisabeth hat ein Buch geschrieben, das weitgehende Verbreitung fand und viele Übersetzungen erlebte: »Ein eigener Mensch werden. Frauen um Jesus«, 1980. Ich bin zwar kein feministischer Theologe geworden, aus Respekt vor der eigenen Leistung von Elisabeth. Aber wir haben zusammen auf vielen Konferenzen gesprochen und manche Bücher veröffentlicht, um gemeinsam von Gott und Christus zu schreiben.

Meine Darstellung der feministischen Theologie von Elisabeth Moltmann-Wendel ist natürlich männlich, aber wie ich hoffe, nicht patriarchalisch. Die liebevolle Nähe zu meiner Frau macht es mir schwer, objektiv zu bleiben. Die Übersicht über die internationale Ausbreitung der Feministischen Theologie bleibt einer Theologin vorbehalten, ich will hier am Beispiel meiner Frau Elisabeth zeigen, wie der Anfang beschaffen sein mag und welche Beiträge zu einer Theologie des Lebens von feministischen Theologinnen zu erwarten ist.

1. Der Anfang

Sie beschreibt ihn wie ein Bekehrungserlebnis: »An einem Augustmorgen 1972 drehte sich die Welt für mich um hundertachtzig Grad.« Er war »Sisterhood is powerful«: »Vor einiger Zeit hatten mir Freunde Bücher und Artikel der amerikanischen Frauenbewegung mitgebracht und die hatten meine Welt auf den Kopf gestellt. Sie forderten gleichen Wert, gleiche Würde und gleiche Rechte für die Frau und machten klar, dass dies nicht durch Anpassung der Frauen an die gegenwärtige Gesellschaft zu tun sei, sondern eine Kulturwende bedeute. Menschenrechte begeisterten mich, aber was das für Frauen und für mich selbst bedeuten könnte, war mir bisher nicht aufgegangen. Mich hatte die Radikalität dieses Denkens ergriffen. Der einzige Weg zur Befreiung war, dass Frauen ihr Leben selbst in die Hand nahmen und es selbst bestimmten«, so schreibt sie in ihrer 1997 erschienenen Autobiographie *Wer die Erde nicht berührt, kann den Himmel nicht erreichen.*

Ich erinnere mich: Wir waren auf einer Vortragsreise in Columbus, Ohio, angekommen. Da entführte eine Gruppe von engagierten Kirchenfrauen Elisabeth von meiner Seite. Als Elisabeth zurück kam, war sie begeistert von diesen einfachen, aber sehr selbstbewussten Frauen: Es hieß in einem Aufruf der amerikanischen Frauenbewegung 1972:

»Ein neuer Tag bricht für uns an.
Wir sehen den Heiligen Geist am Werk,
der eine neue Zukunft für Frauen schafft.
Wir sehen ein neues Bewusstsein, eine neue
Bestätigung unseres Selbst,
eine neue Gemeinschaft von Schwestern,
eine neue Freiheit …«

Das hatte Elisabeth in einer kleinen Kirche in Columbus, Ohio, erlebt. Der Aufruf stammte von *Letty Russell*, Union Theological Seminary, die unsere Freundin wurde.

Was Elisabeth an der amerikanischen Frauenbewegung faszinierte, war, wie ihr erstes Buch hieß: »Menschenrechte für die Frau«, 1974. In der deutschen Kulturtradition wurden Frauen wertgeschätzt, wo es vor allen Dingen um das »Dienen« ging: als Mutter, Kindergärtnerin, Krankenschwester, Lehrerin, Hausfrau. »Frauenhilfe« heißt die kirchliche Arbeit für Frauen: Diakonisches Werk und Caritas. Das war das Bild, das Männer von der »Frau« hatten und das auch noch in Karl Barths Dogmatik sein Unwesen treibt. »Menschenrechte für die Frau« heißt auch »Kirchenrechte für die Frau«: »In Christus ist weder Mann noch Frau, sie sind eins« (Gal 3,28). In Deutschland gab es 1972 noch keine Frauenordination, nur Diakonissen. Ihr zweites Buch hieß darum: »Freiheit, Gleichheit, Schwesterlichkeit« 1978, den Titel hatte ich ihr geraten, denn das Menschheitspathos lief über die Männer: „Alle Menschen werden Brüder« und die Kirchengemeinschaft heißt »Bruderschaft«. Die

Frauen waren da irgendwie eingeschlossen, aber die Frauen wie Elisabeth wollten aus diesem »irgendwie« heraustreten und eigene Verantwortung übernehmen. »Es ist schwieriger, du selbst zu sein, denn irgendetwas anderes«.

2. Die feministische Bibelarbeit

Die Bibelarbeiten waren die »Werkstatt feministischer Theologie« in Deutschland. Elisabeth beschreibt die Anfänge in Wiesensteig, einem Dorf in Württemberg 1979. 45 Frauen versammelten sich dort im Winter, schliefen in Schlafsäcken auf dem Boden und sprachen über die »Heilung der blutflüssigen Frau durch Jesus«: »In diesen Stunden tippten wir anhand dieser Geschichte, an viele feministisch-theologische Probleme: Selbstfindung der Frauen, Jesulogie, das Bluttabu und die Kreuzesproblematik die Suche nach echten Ritualen, die unserer Leiblichkeit entsprachen« (129). »Ein neuer Stil assoziierender, narrativer Bibelarbeit hatte sich herausgestellt, die viele von uns nun weiter praktizierten«. Das war nicht einfach »wilde Exegese«, wie manche Wissenschaftler abfällig zu sagen pflegten. »Als ich nach Hause kam, sagte Jürgen: ›Du siehst so glücklich aus!‹ Da war Trauer und Erstaunen drin, denn bisher hatten wir große Erlebnisse zusammen genossen. Ich hatte zum ersten Mal Feministische Theologie als die Macht der Beziehung erlebt, und dies konnte ich auch mit dem besten Ehemann nicht teilen«.

Feministische »Bibelarbeit« ist eine Auslegung biblischer Geschichte durch das eigene erlebte oder erlittene Leben. Das ist keine wissenschaftliche Hermeneutik, keine historische, linguistische oder materialistische Exegese. Das ist auch keine »existentiale Hermeneutik«, die auf das Selbstverhältnis des Individuums ausgerichtet ist. Das ist auch keine Predigthermeneutik wie bei Karl Barth. Den besten Vergleich liefert wohl Ernesto Cardenal mit seinem »Evangelium der Bauern von Solentiname«, Nicaragua. Feministische »Bibelarbeit« ist eine Laienbewegung der Frauen. Eine Auslegung der biblischen Geschichte durch die besonderen Frauenerfahrungen. Feministische Bibelarbeit ist Gruppenarbeit.

In den USA hatten die Universitäten die Feministische Theologie verbreitet. In deutschen Universitäten hatten und haben alternative Ansätze zur Theologie keinen Platz. Weder Feministische noch ökologische Theologie, weder Befreiungstheologien noch afrikanische oder chinesische Theologien werden behandelt. Das Theologiestudium ist auf das Examen ausgerichtet. Wir verlangen hebräische, griechische und lateinische Sprachkenntnisse. Tradition ist auf Vergangenheit, Dialog ist auf Gegenwart bezogen und wir haben zu viel Tradition. »Dafür gab es bei uns ein breites christliches Zentrum, ... das zur ersten Drehscheibe für Feministische Theologie wurde: der Deutsche Evangelische Kirchentag«

(alle 2 Jahre kommen bis zu 100.000 oder 150.000 Christen zusammen für 4 Tage und Nächte in einer großen Stadt, um zu hören, zu diskutieren, zu singen und zu beten. Das ist eine großartige Begegnung, nach dem 2. Weltkrieg gegründet).

»Schon 2 Jahre nach dem ersten Experiment in Wiesensteig bekamen wir dieses Forum für eine große Öffentlichkeit« (147). Auf dem ersten Kirchentag gab es eine »Frauenstunde«, später Veranstaltungen der »Frauenhilfe«, in Nürnberg 1979 gab es »Partnerschaft« um über das Thema der Liebe zu reden, erst 1981 gab der Hamburger Kirchentag den Frauen ein »Frauenforum« jeden Tag. Das Thema der Bibelarbeiten war »Israels Auszug durch das Schilfmeer«. Exodustheologie war damals en vogue. Elisabeth und die Frauen legten den Exodus aus Knechtschaft und Abhängigkeit in die Freiheit und Selbständigkeit aus: »Mit Mirjam durchs Schilfmeer«:

»Da nahm Mirjam eine Pauke in die Hand,
und alle Frauen folgten ihr mit Pauken und Reigen.
Und Mirjam sang ihnen vor. Lasst uns dem Herrn singen,
denn er hat eine herrliche Tat getan,
Ross und Reiter hat er ins Meer gestürzt« (Ex 15, 20-21).

»Frauen bewegen die Kirche«: das ist in dieser feministischen Bibelarbeit geschehen. Ich kaufte auf der Rückfahrt die Frankfurter Rundschau. Da stand auf der ersten Seite ein langer Artikel über die Bibelarbeit und das Frauenforum unter der Überschrift: »Frauen wollen den langen Marsch durch die Institution Kirche wagen« ... »Wir haben erlebt, wie Frauen sich zusammengetan haben ... und auf die Straße gegangen sind und für sich und ihre Rechte demonstriert haben«, sagt Elisabeth.

3. Frauen um Jesus – ein eigener Mensch werden

Es begann als Taschenbuch 1980 und es endete als prächtiger Bildband 2009, zu dem Carmen die Einleitung schrieb. Das Buch hat viele Auflagen und mindestens 7 Übersetzungen erlebt, zuletzt ins Kroatische. Es hat über Kirchenkreise die säkulare Öffentlichkeit erreicht Eine Journalistin schrieb: »Moltmann-Wendel hat ein Buch geschrieben, das, fängt man es abends an, vom Nachtschlaf abhält. Sie führt plastisch vor Augen, dass es in der Bibel und der biblischen Tradition noch Erstaunliches zu entdecken gibt.« Der Titel verrät die Methode: Die Entdeckung der biblischen »Frauen um Jesus« fällt zusammen mit »ein eigener Mensch werden«. Frauen werden in der Nähe Jesu zu »eigenen Menschen«.

Um welche handelt es sich? Zuerst um die johanneische Martha. Sie steht im Zentrum der Feministischen Theologie von

Elisabeth. Die lukanische Martha bezeichnete Elisabeth als »protestantische Küchenmartha, die gerade für die Dienstbotenhäuser der Diakonissenanstalten getaugt hatte« (139). Martha hatte nicht wie Schwester Maria »das bessere Teil erwählt«. Die johanneische Martha aber ist selbstbewusst, sie stiftet Jesus zur Auferweckung ihres Bruders Lazarus an und macht ihm Vorhaltungen. Am wichtigsten ist das Christusbekenntnis, das nicht dem bekannten Petrusbekenntnis entspricht: »Du bist Christus, der Sohn Gottes, der in die Welt gekommen ist« (Joh 11,27). Vermutlich war dieses Bekenntnis in frühchristlichen Gemeinden verbreitet. Marthas Christusbekenntnis ist vom gleichen Rang wie das Christusbekenntnis des Petrus.

Dann ist da Maria aus Magdala, die erste Osterzeugin, die Apostolin der Apostel, Freundin Jesu, die bis heute für »die große Sünderin« gehalten wird, was ganz falsch ist. Sie ist eine andere Frau. Vermutlich haben Männer diese Fälschung in Umlauf gebracht. Elisabeth rückt das zurecht.

Die Jüngerin *Johanna* (Lk 8,3), die aus dem Palast des Herodes kam, gefiel Elisabeth besonders gut. Sie nannte sie »eine Dame des Lukas«.

Die *Unbekannte*, die Jesus vor seinem Tod salbte, war sie eine Priesterin oder weise Frau? Jesus sagt: »Überall in der Welt, wo das Evangelium verbreitet wird, wird man auch berichten, was sie getan hat, und an sie denken« (Mt 14,9). Elisabeth Schüssler-Fiorenza hat den Klassiker über diese Frau geschrieben.

Dann ist da *Maria von Bethanien*, die immer im Schatten ihrer Schwester Martha stand.

»Die *Frauengruppe des Markus*: Eine subversive Frauengeschichte«, sagt Elisabeth dazu.

Und »*Matthäus und die Mütter*«: Eine alte Ordnung gerät durcheinander.

Maria, die Mutter Jesu, kommt nicht vor, sie ist in der katholischen Tradition zu präsent. Elisabeth hat aber einen Artikel geschrieben für das CONCILIUM-Heft, das Hans Küng und ich herausgegeben haben: »Maria zwischen den Konfessionen« 1988.

Elisabeth liebte Martha ganz besonders. Durch Zufall entdeckten wir die mittelalterliche Martha-Legende. Das kam so: Wir hatten nach dem Wintersemester immer Urlaub in Lugano gemacht im Gedenken an unsere Hochzeitsreise 1952. Auf einmal entdeckten wir, dass wir auf einer Martha-Landschaft saßen. Fast in allen Kirchen standen Martha-Statuen, in Bellinzona eine ganze Martha-Kapelle, im Wald von Carona die Wallfahrtskirche Maria d'Ongero mit Statuen von Martha mit dem Drachen und Maria Magdalena in ihrer ganzen Schönheit. In Lugano gab es bis ins 19. Jahrhundert Martha-Umzüge. Nach der Legende waren Martha, Maria und Lazarus aus Palästina vertrieben und zu Schiff nach Südfrankreich gelangt. Im Rhonetal missionierten sie. In Tarascon saß ein böser Drache, dem die Einwohner Mädchen liefern mussten. Martha erschlug nicht den Drachen wie Georg, sondern zähmte ihn mit Kreuz und Weihwasser und schickte ihn zurück in die Tiefen des Mittelmeers: Er hatte sich nur in der Rhone verirrt. Im Kloster San Marco in Florenz fand ich in einer Zelle ein Bild von fra Angelico: Gethsemane, Jesus betet und ängstet sich, die Jünger schlafen, doch zwei Frauen sitzen und wachen mit Jesus: Maria lesend, Martha betend.

Ich war von Elisabeths Martha-Begeisterung so ergriffen, dass ich Martha mit dem Reichsheiligen Georg verglich und mich im Umgang mit dem Bösen für Martha entschied.

Das Buch verrät auch etwas über Elisabeths systematische Theologie: *Jesulogie statt Christologie.* Jesu Sendung, Jesu Lebenskraft und Heilkraft. Was im apostolischen Glaubensbekenntnis gerade ein

Komma wert ist zwischen »geboren« und »gelitten«, war Elisabeths ganze Jesulogie. Sie beginnt mit Lukas 4,18:

> »Der Geist des Herrn ist auf mir, weil er mich gesandt hat, zu verkündigen das Evangelium den Armen, zu predigen den Gefangenen, dass sie frei sein sollen, und den Blinden, dass sie sehen sollen, und den Zerschlagenen, dass sie frei und ledig sein sollen, und den Zerschlagenen, dass sie frei und ledig sein sollen, zu verkündigen das Gnadenjahr des Herrn«.

Sie setzt sich fort im menschlichen Jesus, wie ihn die Synoptiker darstellen, vor allem Lukas. Der menschliche Jesus ist kein göttliches Vorbild. Er kann abweisend sein und zugewandt. Er kann reden und zuhören und – er kann lernen, meistens von Frauen wie z.B. von der syrophönizischen Frau. Für Elisabeth war die Person Jesu wichtig, nicht nur seine Sendung und seine Heilungswunder. Darin glich sie den »Frauen um Jesus«. Eins ihrer letzten Bücher heißt: »Der auf der Erde tanzt. Spuren der Jesusgeschichte« (in der Literatur) 2010.

Diese niedrige, menschliche Jesulogie unterschied sie von Karl Barths hoher Christologie von Menschwerdung und Erhöhung. Sie unterschied sich auch von Rudolf Bultmanns Sprüchen: »Jesus gehört in die Geschichte Israels« und »Christus ist auferstanden ins Kerygma«. Elisabeths Jesulogie unterscheidet sich auch von meiner Kreuzes- und Hoffnungstheologie. Wir haben uns respektiert und voneinander gelernt, ohne das Eigene aufzugeben.

Für ihren Beerdigungsgottesdienst hat sie testamentlich Jesus-Lieder erbeten: »Jesus, meine Zuversicht ...« und »Breit aus die Flügel beide, O Jesu meine Freude ...« Auf dem Sterbebett hat sie oft gerufen: »Jesus, nimm mich auf«. Erst rückblickend habe ich ihre Jesus-Frömmigkeit verstanden und werde ihr folgen.

4. »Ich bin gut, ganz und schön« 1980

1980 muss eine sehr glückliche Zeit für Elisabeth gewesen sein. Nicht nur ihr Buch »Frauen um Jesus – ein eigener Mensch werden« erschien und löste eine Welle der Begeisterung aus. Sie schrieb im Dezember 1980 in ihr Tagebuch:

> »Vielleicht am schönsten ist, eine feministische Rechtfertigungslehre entdeckt zu haben:
> Ich bin gut
> ich bin ganz
> ich bin schön.
> Jürgen hat's verstanden. Auf der Tagung des Gemeindedienstes horcht sie auf. In Braunschweig und in Sindelfingen, wo es begann, blieb manchen der Mund offen. Mal sehen, ob ich es weiter verdeutlichen kann«.

Das Bild, das auf meinem Schreibtisch steht und auf der ersten Seite des Gedächtnisbandes zu finden ist, zeigt sie 1980 tief beglückt, »gut, ganz und – überaus – schön«. Wie ist sie darauf gekommen? »Auf Tagungen merkte ich, wie schwer christliche Frauen sich damit tun, sich von Gott angenommen zu wissen. Die Frauen waren gewohnt, sich negativ zu sehen, ihre Fehler, ihre Macken, ihre ungeliebten Eigenschaften ins Auge zu fassen ...« (178). Und die Botschaft der Feministischen Theologie, dass sie unterdrückt seien, »verstärkt noch, ihre trübe Sicht«. »Nachts saß ich schlaflos im Bett, grübelte, wie ich ihr Gefängnis aufbrechen könnte«. Da erinnerte sie sich an Luthers Heidelberger Disputation These 28: »Die Sünder sind schön, weil sie geliebt werden« und Luthers Römerbrief-Vorlesung: »Unser Gutsein, ja mehr noch das Gutsein Gottes macht uns und unsere Werke gut« (179). So entstand in Elisabeth der *Rechtfertigungsjubel:* »Ich bin gut, ganz und schön« und setzte sich in der deutschen Frauenbewegung fort und wurde zum Mantra für viele.

Doch die lutherischen Bischöfe mahnten an die »unterschlagene« Sünde. In einer »Stellungnahme der nordelbischen Bischöfe zum Thema ›Feministische Theologie‹« 1985, wird Elisabeths Satz verdächtigt, dass durch ihn bei Frauen die Sünde »ausgeblendet« werde und der »heile Urzustand der Menschen« behauptet sei. Ist das Sündenbewusstsein hier ein Herrschaftsinstrument der Kirche oder der Männer oder der Eltern?

Ich überschaue so ziemlich 500 Jahre Geschichte der reformatorischen Rechtfertigungslehre, aber Elisabeths Einsicht ist einzigartig. Sonst folgt auf die Rechtfertigung des Sünders die Heiligung oder der Sünder bleib in der Paradoxie stehen: »*Simul iustus et peccator*«. Sagt er: »Ich bin gerechtfertigt von Gott«, sagen andere ihm: »Du bist Sünder«, und umgekehrt. Paulus sagt dazu: »Wo aber die Sünde mächtig geworden ist, da ist doch die Gnade viel mächtiger geworden« (Röm 5,30). Ich selbst habe mir geholfen mit der anderen Formel: »*Justus in spe – peccator in re*«: Gerechtigkeit kommt – Sünde vergeht. »Begnadigte Sünder« schleichen traurig davon. Sie kennen den Überschuss der Gnade nicht und sehen sich selbst nur im Licht der Sünde, nicht im Licht der Gnade. Darum wirkt Elisabeths Rechtfertigungsjubel so befreiend für Frauen und auch für Männer. Gottes Liebe zu erleben ist wie eine neue Geburt: Du bist »gut, ganz und schön« wie ein neugeborenes Kind. Das muss in die Dogmatik aufgenommen werden.

Elisabeth schreibt dazu: »Für mich war jetzt von der ›alle umfassenden Liebe‹ der Feministischen Theologie ein Bogen zurück zur bedingungslosen Liebe der Reformatorischen Theologie geschlagen«, mit der sie angefangen hatte (185).

5. Theologische Relevanz der Körperräume

Aus Elisabeths vielen Aktivitäten und Schriften nach 1980 möchte ich nur ihre Gedanken über Gott und die menschlichen Körper auswählen, weil diese nicht nur für eine Feministische Theologie wichtig sind, sondern von universaler theologischer Relevanz sind. Ich beginne mit ihrem Buch »Wenn Gott und Körper sich begegnen. Feministische Perspektiven zur Leiblichkeit«, 1989, und ende mit »Mein Körper bin ich. Neue Wege zur Leiblichkeit«, 1994.

»Unser Körper – unser Selbst« ist die einfache These, aber sie muss sich gegen den Körper als unser Objekt durchsetzen. Elisabeth hat den »Container-Körper« und den »protestantischen Dienstleib« kritisiert. »Körper« wird heute vor allem als Objekt der Selbstgestaltung und Selbstdarstellung verstanden: Schönheitskult und Body-Building, Selbstoptimierung und der Militärkörper. Das geht auf die griechische Dichotomie von Seele (unsterblich) und Leib (sterblich) zurück, die vom Christentum auf hellenistischen Boden übernommen wurde. Das geht auch auf die moderne Dichotomie Descartes' von *res cogitans* und *res extensa* zurück, womit der »Maschinenmensch« (L'Homme machine) erfunden wurde. Im Grunde sind diese Spaltungen der menschlichen Ganzheit Herrschaftsprojekte, entweder zur Selbstbeherrschung oder zur Fremdbeherrschung: Der Sklavenkörper, der Arbeitskörper, der Frauenkörper für Männer. Elisabeth regt zur »Rückkehr in den Körper« an und verwendet dafür die Heilungsgeschichten von Frauen bei Jesus. Sie geht darüber hinaus: Menschwerdung Gottes ist Körperwerdung Gottes. Gott lässt sich »im Körper erfahren«. Elisabeth macht das an »Hannas Geschichte« in 1. Samuel 1 und 2 fest. Das führt sie zu dem Heilsbegriff des »Ganzseins«, der von hier an alle ihre Schriften durchzieht, und auch ihr Leben: »Sich an allen Ecken wund stoßen und ganz bleiben« (Autobiografie 189ff.). Ganz – whole – holy, d.h. alle Körperabspaltungen überwinden und ein »ganzer Mensch« werden. Ganzheit vermittelt die Versöhnung von Geist und Natur, Seele und Leib, Mensch und Universum und ist eine Vorstellung der Hoffnung auf das Reich Gottes: »Ein Traum von Ganzheit«.

Das zweite Buch »Mein Körper bin ich«, 1994, beginnt mit derselben These: *»Unser Körper – unser Selbst«*, und stellt die Dialektik »Körper-haben – Körper-sein« an Hand der Frauenkörper, Männerkörper, der kranken und der alternden Körper dar. Das Kapitel »Körper und Christentum« endet mit der »Auferstehung des Fleisches« (95ff.). Wichtig sind ihre Gedanken zu »einer Theologie der Leiblichkeit«: Mit dem Körper denken, Eigen-Sinne und Körper-Räume. »Eine Theologie der Leiblichkeit orientiert sich an Jesu Menschlichkeit, seinem Leben, seiner Liebe, seiner Hingabe, seiner Leidenschaft. Seine Göttlichkeit sieht sie als seine tiefste Menschlichkeit an« (135). Elisabeth schließt mit einem erweiterten Wort von dem »Schwabenvater« Friedrich Christoph Oetinger:

> »Der Anfang und das Ende aller Werke Gottes ist die Leiblichkeit«.

6. Und was war meine Rolle in der Entwicklung von Elisabeths Feministischer Theologie?

Zuerst war ich immer ein Beispiel typisch »männlichen Denkens«. Elisabeth benutzte mich als Negativfolie für ihr beginnendes feministisches Denken und ich ließ mir das mit Vergnügen gefallen. Dann begann ich mich zu ändern. Elisabeth schreibt: »Ich hatte in der Feministischen Theologie gelernt, persönlich zu sprechen,

»ich« zu sagen ... Jürgen war den dozierenden Lehrstil gewohnt, der sachlich etwas vermitteln wollte« (170). Ich lernte also, meine theologischen Vorstellungen nicht mehr nur objektiv zu vermitteln, sondern mich auch subjektiv zu äußern und sie mit meinen Lebens- und Todeserfahrungen zu verbinden. Elisabeth lernte, dass sie auch Objektives, Allgemeingültiges zu sagen hatte, wie ich an der Rechtfertigungslehre und an der Theologie der Leiblichkeit zu zeigen versucht habe.

1981 wurden wir beide vom Ökumenischen Rat der Kirchen in Genf aufgefordert, einen gemeinsamen Vortrag in Sheffield zu halten über »Die Gemeinschaft von Frauen und Männern in der Kirche«. Philipp Potter, der Generalsekretär des Weltkirchenrats, war da und der Erzbischof von Canterbury Robert Runcie. Wir gingen an die Arbeit und beschlossen den gemeinsamen Vortrag im Dialog aufzubauen. Das ließ jedem sein Eigenes und war doch aufeinander bezogen. »Zwei Tage wanderten wir über die regennasse Schwäbische Alb, diskutierten, verzweifelten aneinander, ärgerten uns über uns selbst: Ich lernte, dass ich ihn nicht zu einem Feministen umspulen konnte«, schrieb Elisabeth. Sie vertrat die feministischen Positionen und sagte: »Es wird darauf ankommen, dass Männer zuhören lernen und sich – wie Maria zu Jesu Füßen – zu den Füßen der Frauen setzen«. Ich sprach über die Befreiung der Männer vom Männlichkeitswahn und Herrschaftsgelüsten: »Der Herr im Haus muss sterben, damit der Bruder geboren werden kann, der zu offener Freundschaft fähig ist«. Wir haben in diesem Stil viele gemeinsame Vorträge und Bibelarbeiten gehalten.

Wir haben nie mit einer Stimme gesprochen, sondern immer mit zwei. Unsere Einheit war immer eine Einheit in bejahter und genossener Verschiedenheit und in Liebe und Respekt – eine tiefe und nachhaltige Lebensfreundschaft.

KAPITEL 5:
DIE ZEIT: KREISLAUF UND GESCHICHTE, UND EWIGKEIT

1. Zwei Kirchenlieder aus dem 17. Jahrhundert

Wir beginnen mit zwei Kirchenliedern aus dem 17. Jahrhundert. Das eine stammt von *Johann Rist* (1607-1667) und steht heute nicht mehr im evangelischen Gesangbuch:

> »0 Ewigkeit, du Donnerwort,
> o Schwert, das durch die Seele bohrt.
> 0 Anfang sonder Ende.
> 0 Ewigkeit, Zeit ohne Zeit.
> Ich weiß vor großer Traurigkeit,
> wo ich mich hinwende.
> Mein erschrockenes Herz erbebt,
> dass mir die Zung am Gaumen klebt«.

Er wiederholt im Vers 5 zwei Redewendungen, die ihm besonders wichtig sind:

»O Anfang sonder Ende
O Ewigkeit, Zeit ohne Zeit«.

»Zeit ohne Zeit«: Ich verstehe das so: Das ist die Gegenwart ohne die Vergänglichkeit. Die Ewigkeit wird hier der Zeit zugeschrieben.

»Anfang sonder Ende«: Anfänge gibt es nur in der Zeit. Die Ewigkeit ist anfangslos und endlos. Es ist hier die Rede von Einbruch der Ewigkeit in die Zeit, wie es im »Anfang« der Schöpfung Genesis 1,1 beschrieben ist. Bricht die Ewigkeit in die Zeit ein, dann entsteht die »ewige Zeit«, die einen Anfang hat, aber kein Ende.

»Morgenglanz der Ewigkeit«, dichtete *Christian Knorr von Rosenroth* (1636-1689);

»Morgenglanz der Ewigkeit.
Licht vom unerschöpften Lichte.
Schick diese Morgenzeit
deine Strahlen zu Gesichte
und vertreibt durch deine Macht unsre Nacht«.

Morgen und Abend gibt es nur in der Zeit, nicht in der Ewigkeit.

»Morgenglanz« wird in diesem Lied der Ewigkeit zugeschrieben. Und das kann nur bei dem Einbruch der Ewigkeit in die Zeit geschehen. Das Lied nennt das »Licht vom unerschöpften Lichte«.

Luther sprach in seinem Weihnachtslied vom »ewigen Licht«. Es handelt sich nicht um das geschaffene Licht der Sonne, sondern um das ungeschaffene Licht der Herrlichkeit Gottes selbst. Die orthodoxe Theologie spricht von den »ungeschaffenen Energien« Gottes. Mit ihnen bricht Gottes Ewigkeit in die Zeit der Menschen und der Erde ein.

»In ihm war das Leben und das Leben war das Licht der Menschen, und das Licht scheint in der Finsternis und die Finsternis hat es nicht ergriffen« (Joh 1,4-5).

2. Der Zeitkreis und der Kreislauf

Wir leben von Kreisläufen und sind auf sie angewiesen. Der Kreislauf wird die zyklische Zeit genannt. Dass wir von Kreisläufen leben, ist uns meistens nicht bewusst. Wir haben uns so an sie gewöhnt, dass wir sie gar nicht mehr bemerken.

Der Kreislauf ist ein Prozess der Umwandlung, der stets wieder zu seiner ursprünglichen Form und Menge zurückkehrt, lesen wir im Duden. Der Wasserkreislauf der Erde wird als Beispiel genannt. Aber die Erdumdrehung, die tags und nachts 24 Stunden dauert, ist wichtiger. Sie bestimmt unser Leben bei Tag und Nacht. Die Erdumdrehung der Sonne, die eher einer Ellipse gleicht, danach zählen wir die Jahre: Frühling, Sommer, Herbst und Winter, das sind die entsprechenden Jahreszeiten. Der Mond zieht seine Kreise um die Erde und bewegt Ebbe und Flut der Meere. In dem Weltraum bewegen sich Sterne meistens kreisförmig. Nur das Licht zieht seine gerade Bahn, wenn es nicht von einer Masse gekrümmt wird.

In unserem Leib regiert der Blutkreislauf. Wir bemerken die Kreisläufe in unserem Leib, wenn wir »Kreislaufstörungen« haben, sonst sind sie uns nicht bewusst, und doch erhalten sie uns am Leben. Kreisläufe bringen Stabilität in unsere innere und äußere Welt. Wir schaffen auch Institutionen, die unser Leben regulieren. Institutionen sind »habitualisierte Verhaltensweisen«. »Der Mensch ist ein Gewohnheitstier«, sagt ein altes Sprichwort. Wie Tiere ihren Instinkten folgen, so folgen Menschen ihren Gewohnheiten. Wir wiederholen uns: Wir stehen morgens auf, waschen uns, frühstücken usw. Wir müssen uns nicht immer und überall entscheiden. Die Institutionen und die Gewohnheiten entlasten uns vom Entscheidungsdruck – besonders im Alter.

»The same procedure as every year«. (Dinner for One)

Der Kreis ist die vollkommene Form einer Bewegung, denn er kennt keinen Anfang und kein Ende. Zwei Eigenschaften der Ewigkeit, nur die Unermesslichkeit fehlt, der Radius ist begrenzt.

Die Kugel ist der vollkommene Raumkörper. Man sprach lange Zeit von der »Weltkugel«.

Im alten China wurde der Himmel als Kreis dargestellt und die Erde als Viereck, wie am Himmelstempel in Peking zu sehen ist.

Legen wir die lineare Zeit an die Kreisläufe, d.h. Vergangenheit – Gegenwart – Zukunft, dann entstehen Schlaufen und Spiralen. Wir feiern jedes Jahr wiederholt Geburtstag, aber wir werden jedes Jahr ein Jahr älter. Kein Kreislauf kehrt exakt zu seinem Ursprung zurück. Dazu verändert sich die Umwelt zu sehr. Höchstens im atomaren Bereich ist das der Fall, dass die Elektronen an den gleichen Platz zurückkehren. Aber sonst müssen wir mit zwei Zeitschemata rechnen, dem Kreislauf und der geschichtlichen Zeit.

Wir müssen die Kreisläufe wieder mehr schätzen als den Fortschritt in linearer Zeit. Wir müssen ebenso auf die Vergangenheit achten, die wir zurücklassen, wie auf die Zukunft, die wir vor uns haben.

Plato hielt den Zeitkreis und den Kreislauf für ein Abbild der Ewigkeit, weil er auch keinen Anfang und kein Ende hat. Nehmen wir an, dass Zeit und Ewigkeit zwei Schichten übereinander sind wie Erde und Himmel, das Menschliche und das Göttliche, die Immanenz und die Transzendenz, dann beeinflusst die mächtigere

Ewigkeit die Zeit des Irdischen. Zeitkreise sind wie die Kreisläufe *Resonanzen der Ewigkeit* in der Zeit. An sich sind Zeit und Ewigkeit Alternativen und ganz verschieden, doch die Resonanz schafft Abbilder und Entsprechungen.

3. Geschichtliche Zeit und Ewigkeit

Alle sprechen von der Zeit: Naturwissenschaftler messen die Zeit, Historiker sind mit Marcel Proust »auf der Suche nach der verlorenen Zeit«. Theologen sprechen von der Gegenwart der Ewigkeit in der Zeit und von ihrer Zukunft, in der alltäglichen Umgangssprache »haben wir Zeit« oder »keine Zeit«, »nehmen uns Zeit« oder sie »zerrinnt« zwischen den Fingern wie Sand in einer alten Sanduhr, die »gefühlten« Zeiten kommen uns »lang« oder »kurz« vor, langweilig oder kurzweilig, je nach dem, was in ihnen geschieht und wir sie erleben. Wir leben in der Zeit und rechnen mit ihr – und wissen doch nicht recht, was Zeit eigentlich ist, weil sie so unanschaulich ist.

3.1 Die abrahamitischen Geschichtsreligionen

Ich gehe vom geschichtlichen Begriff der irreversiblen Zeit aus, weil er auf natürliche und geschichtliche Vorgänge und die religiösen Erfahrungen der drei »abrahamitischen Religionen«, Judentum, Christentum und Islam anwendbar ist.

Theologen aus den Bereichen dieser drei »Geschichtsreligionen« haben immer eine Vorliebe für die Phänomene der irreversiblen Zeit gezeigt, weil ihre religiöse Wurzelerfahrung die Gotteserfahrung Abrahams und Sarahs ist: der Exodus aus Vaterland, Freundschaft, Familie und der gewohnten natürlichen Umwelt in eine unbekannte Zukunft des Segens für alle Völker, die Gott verheißt (Gen 12,1.3). Diese Gotteserfahrung ist mit Exodus- und Exilerfahrungen verbunden, weil sie durch Verheißung und Hoffnung auf eine neue Zukunft ausgerichtet ist.[1] Wer dieser Gottesverheißung folgt und mit solcher Hoffnung aufbricht, der lässt immer eine Vergangenheit hinter sich, die nicht wiederkehrt und in die er nicht zurückkehrt, und sucht eine Zukunft, die es noch nicht gegeben hat. Seine gegenwärtige Gotteserfahrung trennt die Zeiten in eine unwiederbringliche Vergangenheit und eine noch nicht erreichte Zukunft. Vergleichen wir diese Exoduserfahrung in den Geschichtsreligionen mit den großen Natur und Meditationsreligionen Asiens, dann wird die Differenz im Zeitverständnis sofort klar: Hier die Erfahrung der Wirklichkeit als Geschichte mit irreversibler Zeitstruktur – dort die Einsicht in die großen und kleinen Zyklen der ewigen Wiederkehr des Gleichen; hier die Erfahrung geschichtlichen Existierens, ausgespannt zwischen Erinnerung und Hoffnung – dort der in sich ruhende Buddha von Kamakura, Japan mit geschlossenen Augen, versunken in die innere Erfahrung der ewigen Gegenwart.

3.2 Die Geschichte der Natur

Als Carl-Friedrich von Weizsäcker 1948 sein Buch »Die Geschichte der Natur« nannte,[2] bekam er Widerspruch von allen, die an der Dichotomie von »Natur« und »Geschichte« festhielten, von den mechanistisch denkenden Naturwissenschaftlern ebenso wie von

1 Gerhard von Rad, Theologie des Alten Testaments, I, München 1957; II, München 1960, Jürgen Moltmann, Theologie der Hoffnung, München 1964; Jürgen Moltmann, Was ist die Zeit und wie erfahren wir sie?, in: Wissenschaft und Weisheit, Gütersloh 2002, 102-116.

2 Carl-Friedrich von Weizsäcker, Die Geschichte der Natur, Göttingen 1951.

den geschichtlich denkenden, existentialistischen Theologen wie z.B. Rudolf Bultmann.

In Gesprächen mit Naturwissenschaftlern haben Theologen immer eine besondere Neugier für die naturwissenschaftlichen »Großerzählungen« gehabt, deren Geschichte einmalig und unwiederholbar sind, weil sie ihren eigenen Großerzählungen entsprechen.

Da ist die einmalige und bisher nicht umkehrbare *Geschichte des Kosmos* seit dem »Urknall«. Der Kosmos oder das Universum mit seinem Spiralnebel voller Sterne und seinen Schwarzen Löchern dehnt sich.

Da sind die *Zeitalter der Erde* inzwischen beim »Anthropozän« angekommen.

Und da ist die *Evolution des Lebens,* dargestellt in Darwins Evolutionstheorie.

Da ist selbstverständlich die *Geschichte der Menschen* seit ihren Anfängen in Afrika.

Alle diese Großgeschichten sind vielfältig miteinander verwoben.

Jeder naturwissenschaftliche Beweis beruht auf der Wiederholbarkeit des Experiments. Genau genommen wiederholt sich in der Geschichte nichts. Jede geschichtliche Erfahrung ist in ihrer Zeit einmalig. Das stellt die Exaktheit der naturwissenschaftlichen Beweise in Frage. Nicht exakt »dasselbe« kann im Experiment wiederholt werden, sondern das Analoge. Exakt das Laben würde auch die gleiche Zeit voraussetzen. Ist diese aber irreversibel, dann steigt keiner zweimal in denselben Fluss, wie Heraklit sagte.

Mit dem zweiten Hauptsatz der Thermodynamik wurde im Prinzip der Begriff der irreversiblen Zeit in die Physik eingeführt. Entropie ist nicht nur das Maß für den unwiederbringlichen Energieverlust, sondern auch ein Maß für die Unumkehrbarkeit von Prozessen. Energieflüsse sind gerichtete Prozesse, darum ist ihre

Zeit irreversibel. Entropie wird darum auch als das Zeitmaß für einmalige, gerichtete Prozesse verwendet. Mit ihr ist der erste Schritt zur physikalischen Wahrnehmung der geschichtlichen Zeit getan.

3.3 Gegenwart das Geheimnis der Zeit: Zeitpunkt oder Augenblick?

In der geschichtlichen Zeit können wir Zeitmodi unterscheiden: Es gibt ein Vorher und Nachher, das Zukunft und Vergangenheit an der Gegenwart unterscheidet. Sehen wir Zukunft und Vergangenheit auf einer Zeitlinie, dann ist die Gegenwart ein »Zeitpunkt«, der beide Zeitmodi sowohl unterscheidet wie verbindet. Dieser »Zeitpunkt« ist selbst kein »Zeitraum« und hat keine zeitliche Erstreckung. Er ist ein punctum mathematicum. Er ist veränderlich, weil er mit der Zeit vergeht, und zugleich unveränderlich, weil er immer derselbe ist. Gegenwart liegt zeitlich »zwischen den Zeiten« der Zukunft und der Vergangenheit und ist doch gleichzeitig zu beiden Zeitmodi. Weil der gegenwärtige »Zeitpunkt« die Zeiten unterscheidet, ist er auch Ende und Anfang der Zeit, Ende der Vergangenheit und Anfang der Zukunft.[3]

Versteht man das hic et nunc der Gegenwart als Konstitution der Zeiten Zukunft und Vergangenheit, dann kann man in der Gegenwart auch eine Kategorie der Ewigkeit sehen, denn Gegenwart stellt die Einheit und Differenz der Zeiten her. In dieser Perspektive ist der Zeitpunkt der »Augenblick«, den Kierkegaard ein »Atom der Ewigkeit« nannte.[4]

Die mystische Erfahrung des Augenblicks hat diesen immer als nunc aeternum verstanden. Denn so sehr Gegenwart mathe-

3 Aristoteles, Physik, 114f.

4 Søren Kierkegaard, Der Begriff der Angst (1844), Werke I, Hg. Von Liselotte Richter, Hamburg 1960, 99.

matisch nur ein bloßer »Zeitpunkt« auf der Zeitlinie ist, so sehr ist sie ontologisch doch die im Sein ausgezeichnete Zeit.[5] Nur was gegenwärtig ist, *ist* im ontologischen Sinne. Was zukünftig sein kann, ist noch nicht. Was vergangen ist, ist demgegenüber nicht mehr. Zukunft und Vergangenheit sind also Kategorien des Nicht-Seins, allein Gegenwart ist die Kategorie des Seins, wie Parmenides im berühmten Fragment B 8,5 sagte: »Und niemals war es, niemals wird es sein, denn Jetzt ist es zumal als Ganzes«.

Theologisch folgt daraus der Grundsatz: Dem Ewigen gegenüber gibt es nur eine Zeit. Gegenwart. Gegenwart ist der zeitliche Begriff der Ewigkeit. Wir begreifen das Vergangene, das nicht mehr ist, nur kraft vergegenwärtigender Erinnerungen und das Zukünftige, das noch nicht ist, kraft vergegenwärtigender Erwartung. Beides sind also vermittelte Seinsformen. Nur Gegenwart kann als unmittelbares Dasein erfahren werden. Doch von dieser unmittelbaren Gegenwart haben wir kein Bewusstsein, denn jedes Erkennen braucht Distanz zum Erkannten. Darum kommt unser Bewusstsein des gegenwärtigen Augenblicks immer zu spät oder zu früh und ist ihm nicht gleichzeitig. Ernst Bloch sprach vom »Dunkel des gelebten Augenblicks« in seiner Philosophie der Hoffnung. In seiner frühen mystischen Epoche nannte er dasselbe das »Dunkel des gelebten Gottes«. In jedem Fall ist Gegenwart das innere Geheimnis der Zeiten.[6]

5 Christian W. Thomson/Hans Holländer (hg.), Augenblick und Zeitpunkt, Darmstadt 1984.

6 Ernst Bloch, Das Prinzip Hoffnung, Frankfurt 1959, 338; Der Geist der Utopie, (1923), Frankfurt 1959, 246.

3.4 Kritik der Evolutionstheorie[7]

Damit komme ich zum Begriff der Evolution:

Passt er zum Verständnis aller Phänomene oder verstellt er den Blick auf einige von ihnen?

Der Begriff e-volutio wird mit dem Begriff Ent-wicklung wiedergegeben. Gemeint ist die sukzessive Auswicklung dessen, was schon angelegt ist. Damit kann gut verstanden werden, warum es so gekommen ist, wie es ist, aber nicht, wie es kommen kann und möglicherweise sein wird. Nach dem Begriff Evolution entwickelt sich die Zukunft aus dem Potential der Vergangenheit. Dass in der Zukunft etwas Neues entstehen kann, wird mit dem Begriff nicht erfasst. Die Anfangsbedingungen bestimmen, was in der Entwicklung werden kann und was nicht. Es ist bemerkenswert, dass Historiker der menschlichen Geschichte den Begriff der Evolution kaum verwenden. Um menschliche Geschichte zu verstehen, müssen wir ihre Komplexität anerkennen und ihre Zukunft in der Kategorie des Möglichen wahrnehmen. Ich nehme an, dass die neue Emergenztheorie, nach der Neues entsteht, das sich nicht aus den vorhandenen Komponenten erklären lässt, den Phänomenen der Naturgeschichte besser gerecht wird als die Evolutionstheorie oder diese doch entscheidend ergänzt.[8] Die Evolutionstheorie lässt uns immer nach dem einen Ursprung fragen, aus dem alles geklärt werden kann, was sich aus ihm entwickelt hat. Das ist eine eigene, aber nur begrenzt aufschlussreiche Perspektive, die in der Physik nach den letzten Elementarteilchen suchen und in der Kosmologie nach dem einen Urknall fragen lässt.

Mit der Evolutionstheorie wird oft eine Wertung verbunden: »Halbwilde« sind besser als »Wilde« und zivilisierte Menschen

7 Eve-Marie Engels, Charles Darwin, München 2007; Günter Altner (hg.), Der Darwinismus, Die Geschichte einer Theorie, Darmstadt 1981.

8 Achim Stephan, Emergenz. Von der Unvorhersagbarkeit zur Selbstorganisation, Paderborn 2005.

besser als »Halbwilde«. Jedes Stadium einer Entwicklung gewinnt seinen Wert erst durch das, was aus ihm hervorgeht und die Gegenwart ist ihr vorerst letztes Resultat.

In theologischer Sicht aber betrachten wir die Naturgeschichte sub specie eternitatis, in der transzendenten Dimension oder einfacher gesagt: vor Gott, und halten uns an das Wort des großen Historikers Leopold von Ranke:

> »Jede Epoche ist unmittelbar zu Gott, und ihr Wert beruht nicht auf dem, was aus ihr hervorgeht, sondern in ihrer Existenz selbst, in ihrem eigenen Sein.«[9]

Die »Wilden« sind dann nicht nur Vorstufen zivilisierten Menschseins, sondern haben auch ihren Wert in ihrem eigenen Leben. Das Kind ist kein Noch-nicht-Erwachsener und der Fötus ist kein Noch-nicht-menschliches Wesen. Alle Lebensformen haben ihren Eigensinn und ihre Würde in sich selbst. Alle gehören zur selben Schöpfungsfamilie, ob sie vor Millionen von Jahren gelebt haben oder gestern entstanden sind.

3.5 Wie wird aus dem Zeitpunkt ein »Augenblick«?

Der »Augenblick« stammt von Paulus. In 1 Kor 15,51-55 verrät er sein Geheimnis:

> »Wir werden nicht alle entschlafen, wir werden aber alle verwandelt werden; und das plötzlich in einem Augenblick zur Zeit der letzten Posaune. Denn es wird die Posaune erschallen, und die Toten wer-

9 Carl Hinrichs, Ranke und die Geschichtstheologie der Goethezeit, 1954, 165.

den auferstehen unverweslich und wir werden verwandelt werden ... Der Tod ist verschlungen vom Sieg ... Gott aber sei Dank, der uns den Sieg gibt durch unsern Herrn Jesus Christus«.

Wenn die Toten auferstehen, dann bricht die Ewigkeit in die Zeit ein, dann wird das sterbliche und tote Leben zum ewigen Leben verwandelt.

Inzwischen hat sich der »Augenblick« zum Kairos verwandelt. Der »Zeitpunkt« gehört zum »Chronos«, und der ist ein Bruder des Todes. Die allgemeine Vergänglichkeit führt ins Verschwinden, in der Vergangenheit. Dagegen ist der Kairos dem Leben verbunden und der Zukunft der Auferstehung ins ewige Leben.

Wenn die Zeit die Ewigkeit berührt, dann entsteht ein »Augenblick«. Das geschieht in der Stille der Meditation. Die Ewigkeit in der Zeit hat kein »Donnerwort«, sondern geschieht still.

Wenn die Ewigkeit die Zeit berührt, dann entsteht auch ein »Augenblick«: das Überraschungselement ist dabei und das Glücksgefühl.

»Es war, als hätt der Himmel
die Erde still geküsst,
dass sie im Blütenschimmer
von ihm nun träumen müsst« (Eichendorff).

Das ist so wie die »Liebe auf den ersten Blick«, oder wenn das Ersehnte plötzlich eintritt. Wenn Ewigkeit und Zeit sich berühren, ist das eine Gnadengabe.

Wir sind aber abwesend und nicht geistesgegenwärtig, um den »Augenblick« zu ergreifen. Wir sind mit anderen Sachen beschäftigt oder ängstlich; nicht mutig genug, um »ganz im Augenblick« zu existieren. An sich hat jeder Zeitpunkt das Potential, zum »Augenblick« zu werden: Die Ewigkeit ist nahe.

Der »eschatologische Augenblick«. Rudolf Bultmann hat in seinen GiffordLectures 1955 diesen Ausdruck geprägt. Was hat er gemeint?

> »*Der Sinn der Geschichte liegt je in der Gegenwart*, ... und wenn die Gegenwart vom christlichen Glauben als eschatologische Gegenwart begriffen wird, ist der Sinn der Geschichte verwirklicht ... In jedem Augenblick schlummert die Möglichkeit, der eschatologische Augenblick zu sein. Du musst ihn erwecken«.[10]

Damit ist der Kairos gemeint. Bultmann vertritt eine individualistische, »präsentische Eschatologie«. Nur warum nennt er das »Eschatologie«? Paulus wollte, wie gezeigt, den »eschatologischen Augenblick« auf die Auferweckung der Toten und die Verwandlung des Lebenden beschränken, und für die zeitliche Gegenwart hatte er die »Zeit der Gnade«:

> »Denn er spricht (Jes 49,8): ›Ich habe zur Zeit der Gnade erhört und habe dir am Tage des Heils geholfen‹. Siehe, jetzt ist die Zeit der Gnade, siehe, jetzt ist der Tag des Heils« (2 Kor 6,2).

Theologisch sollte man den »Tag der Gnade« und den eschatologischen »Tag der Herrlichkeit« auseinanderhalten, doch Rudolf Bultmann macht die jeweilige Gegenwart zum »eschatologischen Augenblick«. Dort hat der Ausdruck nichts zu suchen, wie an Goethes Gedicht »Erinnerung« zu sehen ist:

> »Willst du immer weiter schweifen?
> Sieh, das Gute liegt so nah.

10 Rudolf Bultmann, Geschichte und Eschatologie, Tübingen 1958, 184.

Lerne nur, das Glück ergreifen,
denn das Glück ist immer da«.

Wenn wir den Sinn der Weltgeschichte nicht verstehen, so bedeutet das, dass wir uns selbst nicht verstehen.

3.6 Möglichkeit und Wirklichkeit

In der geschichtlichen Erfahrung der Zeit werden die Zeitmodi nicht auf Zeitlinien eingetragen, um die quantitativen Differenzen zu messen, sondern um sie den Seinsmodalitäten zuzuordnen. Vergangenheit – Gegenwart – Zukunft entsprechen dem notwendigen – dem wirklichen – dem möglichen Sein. »Das Mögliche entspricht ganz und gar dem Zukünftigen ... und das Zukünftige ist für die Zeit das Mögliche«.[11] Also ist möglich, was zukünftig, wirklich, was gegenwärtig, und notwendig, weil unveränderlich, was vergangen ist. Man kann Zeitmodi und Seinsmodalitäten mit Ernst Bloch auch etwas einfacher zuordnen: Zukunft ist der Bereich des Möglichen, Vergangenheit der Bereich des Wirklichen und Gegenwart die Front, an der Mögliches verwirklicht oder nicht verwirklicht wird.[12] In jedem Fall entsteht damit der irreversible »Zeitpfeil«. Aus Zukunft kann Vergangenheit werden, aber aus Vergangenheit nicht wieder Zukunft. Aus Möglichkeit wird Wirklichkeit, aber aus Wirklichkeiten werden nicht wieder Möglichkeiten. Die Zeitmodi sind dann nicht isomorph, sondern von verschiedener Qualität, wenn sie den Seinsmodalitäten Möglichkeit und Wirklichkeit zugeordnet werden. Möglichkeit und

11 Søren Kierkegaard, Der Begriff der Angst, 99.

12 Vgl. Ernst Bloch, Das Prinzip Hoffnung, 224.

Wirklichkeit sind qualitativ verschiedene Seinsweisen und unser Umgang mit ihnen ist gleichfalls qualitativ verschieden. Erinnerte Vergangenheit ist etwas anderes als erwartete Zukunft. Sie liegt fest und kann nicht mehr verändert werden, Zukunft ist ihr gegenüber alles Möglichen voll, darum bleiben unsere Erwartungen unsicher. Ist zuletzt jede Wirklichkeit in der Geschichte verwirklichte Möglichkeit, dann steht die Möglichkeit ontologisch höher als die Wirklichkeit.[13] Folglich muss unter den Zeitmodi die Zukunft Priorität haben. Wie verhält sich das zur Ewigkeit im Augenblick? Im Augenblick erfahre ich die Gegenwart der Zukunft als »Quelle der Zeiten«. Aus Zukunft wird Vergangenheit, aber nicht umgekehrt aus Vergangenheit Zukunft.

Fragen wir nach der Quelle der Zeit, dann muss diese in der Zukunft liegen. Der »Zeitpfeil« zeigt aus der Zukunft durch die Gegenwart in die Vergangenheit. Doch kann die Quelle der Zeit nicht in der zukünftigen Zeit liegen, denn jede zukünftige Zeit vergeht. Was heute Zukunft ist, kann morgen schon Vergangenheit sein. Wir müssen also mit Georg Picht unterscheiden zwischen der *Zukunft als Zeitmodus* und der Zukunft als *Quelle der Zeiten*. Als Zeitmodus gehört die zukünftige Zeit zur phänomenalen Zeit. Die Zukunft der Zeit ist jedoch jederzeit der zukünftigen, der gegenwärtigen und der vergangenen Zeit präsent. Diese transzendentale Zukunft der Zeit bietet in gewissem Sinne »das Ganze, von dem die Vergangenheit lediglich ein Teil ist«.[14] Die Zukunft der Zeit ist ein Reservoir unerschöpflicher Energie.

13 So Kierkegaard und Heidegger: vgl. Georg Picht, Hier und Jetzt, Philosophie nach Auschwitz und Hiroshima, Stuttgart 1980, 362.

14 Søren Kierkegaard, Der Begriff der Angst, 85.

3.7 Erinnerte Vergangenheit – erwartete Zukunft: Die Einführung des Subjektes in die Zeiterfahrung

Mit der Einführung des Subjektes in die Zeiterfahrung entstehen die besonderen Phänomene der geschichtlichen Zeit: keine geschichtliche Zeit ohne das erfahrende Subjekt. Geschichte wird durch die Erinnerungen, Erfahrungen und Erwartungen der leidenden und handelnden Subjekte konstituiert. Das gilt zunächst für die menschliche Erfahrung, aber nicht nur für sie, denn jedes selbstreferentielle offene Lebenssystem nimmt seine Zeit analog wahr.

In seiner psychologischen Zeittheorie bezieht Augustin Vergangenheit, Gegenwart und Zukunft auf ihre Wahrnehmung durch die menschliche Seele: Durch Erinnerung (memoria) vergegenwärtigt der menschliche Geist die Vergangenheit. Das ist vergegenwärtigte Vergangenheit, nicht die Vergangenheit selbst. Durch Erwartung (expectatio) vergegenwärtigt er die Zukunft. Das ist vergegenwärtigte Zukunft, nicht die Zukunft selbst. Durch Anschauung (contuitus) nimmt der menschliche Geist die Gegenwart wahr. Das ist die unmittelbare Gegenwart.[15] Im menschlichen Geist sind also kraft Erinnerung und Erwartung Vergangenheit und Zukunft auf gewisse Weise präsent. Sie sind sogar kopräsent. Verbinden sich Erinnerungen und Erwartungen, dann entsteht im menschlichen Geist eine Gleichzeitigkeit von Ungleichzeitigem. Im menschlichen Geist werden kraft der Erinnerung und der Erwartung Nicht-mehr-Seiendes und Noch-nicht-Seiendes ins gegenwärtige Sein gerufen. Das sind schöpferische Vergegenwärtigungen von Abwesendem.

Diese, wie fragmentarisch auch immer geartete Gleichzeitigkeit von Vergangenheit und Zukunft im erinnernden und erwartenden

15 So Augustin, Confessiones, Buch XI, 20.21

menschlichen Geist ist eine relative Ewigkeit, denn eine der Eigenschaften der Ewigkeit ist ihre Gleichzeitigkeit. Universale Gleichzeitigkeit wäre eine absolute Ewigkeit als »Fülle der Zeiten«. Die erinnernde und erwartende Geistesgegenwart des Menschen kann als Abbild aus der absoluten Zeitenpräsenz der Ewigkeit Gottes verstanden werden. Rufen wir durch Erinnern das Nicht-mehr-Seiende der Vergangenheit ins gegenwärtige Gedächtnis zurück, nehmen wir das Noch-nicht-Seiende der Zukunft durch Erwartungen vorweg, dann ist dies ein schöpferisches Handeln des menschlichen Geistes an Abwesendem und Nicht-Seiendem und also ein Abbild des Gottes, der das Nicht-Seiende ins Dasein ruft.

Augustin sah denn auch in diesen Tätigkeiten des menschliches Geistes die Gottebenbildlichkeit des Menschen. Zur erinnerten Vergangenheit und erwarteten Zukunft tritt die vergegenwärtigte Ewigkeit als deren Gleichzeitigkeit hinzu. Die Gegenprobe kann man sich leicht vorstellen: Ohne Erinnerungen und ohne Erwartungen hätten wir nur Augenblickseindrücke von Zeitpunkten, könnten aber keine Zusammenhänge oder Bewegungen wahrnehmen.

Es bleiben jedoch Differenzen zwischen der erfahrenen Geschichte und der Geschichte selbst. In der erinnerten Vergangenheit bleibt die Differenz zwischen der vergangenen Gegenwart und der vergegenwärtigten Vergangenheit. Wir erinnern nur Weniges aus der Vergangenheit. Unser Gedächtnis selektiert und wandelt sich mit der Zeit. Unser Gedächtnis ist kein Computerspeicher, sondern eine lebendige Funktion unseres Gehirns. In der Erinnerung versuchen wir, mit Erfahrungen fertig zu werden, die sich aufdrängen, weil sie unabgegolten und unfertig geblieben oder auch überschwänglich sind. »Nur was nicht aufhört, weh zu tun, bleibt in der Erinnerung«, sagte Nietzsche. Die schmerzlichen Erinnerungen bleiben, bis wir eine »Heilung der Erinnerungen« finden. Die

Vergangenheit steckt nicht nur in den bewussten Erinnerungen, sondern auch im Körper. Der Körper vergisst nicht. Die Vergangenheit ist nicht vergangen, sondern ist in unserem Körper und Gedächtnis präsent. Vergangenheit ist Gegenwart mit ihren verpassten guten Möglichkeiten und ihren vermiedenen schlechten Möglichkeiten. Unsere gegenwärtige Lebensgestalt ist das Ergebnis unserer Vergangenheit.

Was in der Geschichte einmal möglich war, ist immer möglich, z.B. der erste Atomabwurf auf Hiroshima 1945 oder die Vernichtung des jüdischen Volkes in Auschwitz während des 2. Weltkrieges.

Wir beziehen solche Erinnerungen meistens auf uns selbst, denn sie geben uns ein Bild von uns selbst, das uns quälen oder schmeicheln kann. Erinnerte Vergangenheit muss darum durch historische Nachforschung, wie »es denn eigentlich gewesen ist« (Leopold v. Ranke), korrigiert werden. Dazu hilft nicht nur das Studium der Akten, sondern auch der Vergleich mit den Erinnerungen anderer Zeitzeugen. Gegenwärtige Vergangenheit wird auch im kollektiven Gedächtnis und seinen Institutionen aufbewahrt oder durch kollektive Verdrängungsleistungen verfälscht.

Reinhart Koselleck hat treffend von einem »Erfahrungsraum« gesprochen, in dem wir geschichtliche Erinnerungen sammeln.[16] Wie Archive und Museen zeigen, sind diese Erinnerungen im »Haus der Geschichte«, wie das deutsche Museum in Bonn heißt, gleichzeitig und nebeneinander zu sehen, obwohl sie doch ungleichzeitig und nacheinander geschehen sind. Die Erinnerung überführt die erinnerten Zeiten der Vergangenheit in einen gemeinsamen Raum der Gegenwart.

In Erwartungen vergegenwärtigen wir Zukunft. Wir vergegenwärtigen sie nicht als Zukunft, sondern als zukünftige Gegenwart

16 Reinhart Koselleck, Vergangene Zukunft, Zur Semantik geschichtlicher Zeiten, Frankfurt 1979, 34; Friedrich Cramer, Der Zeitbaum, Grundlagen einer allgemeinen Zeittheorie, Darmstadt, 1993,40.

und mögliche zukünftige Erfahrung. Hier ist die Differenz zwischen der zukünftigen Gegenwart und der heute vergegenwärtigten Zukunft noch größer als im Blick auf die Vergangenheit und sie ist auch anders geartet. Erfahrungen werden gemacht, Erinnerungen gesammelt, Erwartungen entworfen. Erfahrungen und Erinnerungen sind auf Wirklichkeiten bezogen, Erwartungen jedoch greifen ins Mögliche vor. Das sind verschiedene Seinsweisen. Es ist darum sinnvoll, nicht von einem Erwartungs-«Raum«, sondern von einem »Erwartungshorizont« zu sprechen.

Wie verhalten sich Erinnerungen und Erwartungen zueinander? Es gibt keine Erwartungen, die nicht in bestimmten Erinnerungen und Erfahrungen gründen, sei es des Mangels oder des Überflusses. Man kann aber seine Erwartungen nicht aus seinen Erfahrungen ableiten. »Aus Erfahrung wird man klug«, heißt es, aber nicht unbedingt hoffnungsvoll, denn »Hoffen und Harren macht manchen zum Narren«. Man kann seine Erwartungen aber nicht ohne Rücksicht auf seine Erfahrungen und Erinnerungen entwerfen. Dann entstünden unrealistische Utopien. Die Rückkopplung der Erwartungen an die Erfahrungen und Erinnerungen gehört notwendig zum hermeneutischen Prozess von Tradition und Innovation, aus dem das Leben besteht. Die Präsenz der Zukunft in der Erwartung ist von anderer Art als die Präsenz der Vergangenheit in der Erinnerung. Das ist in der qualitativen Differenz von Möglichkeit und Wirklichkeit begründet. In der Wahrnehmung der geschichtlichen Zeit sind Erwartungen und Erinnerungen so ineinander verschränkt wie der »Erfahrungsraum« und der »Erwartungshorizont«.

4. Die Verschränkung von Zeit und Ewigkeit: Ewigkeit in der Zeit – Zeit in der Ewigkeit

Der Zeitkreis ist nur die Resonanz der Ewigkeit in der Zeit. Ganz anders ist es, wenn die Ewigkeit in die Zeit einbricht: Dann wohnt die Ewigkeit in der Zeit und die Zeit steigt in die Ewigkeit auf.

4.1 Das Konzept der Schechina

Aus der exilischen Theologie Israels haben wir das Konzept der Schechina.[17] Damit ist die »Einwohnung« Gottes im Volk Israel gemeint. Sie gehört von Anfang an zum Gottesbund seines Volkes, der verheißt: »Ich will Euer Gott sein« und »Ich will inmitten der Israeliten wohnen«.

Die Exodusschechina ist die erste und grundlegende »Einwohnung« Gottes in seinem Volk:

> »Ich habe das Elend meines Volkes in Ägypten gesehen und ihr Geschrei über ihre Bedränger gehört.
> Ich habe ihre Leiden erkannt
> und bin hernieder gefahren, dass ich sie errette ...« (Ex 3,7-8).

Als Wolkensäule bei Tage und als Feuersäule nachts zieht die Schechina Gottes voran und weist ihm den Weg in das »Gelobte Land« der Freiheit. In der Lade, dem beweglichen Heiligtum, »wohnt« Gott inmitten der Israeliten.

Die Exilschechina ist die zweite und erweiterte »Einwohnung Gottes« in seinem Volk. Nach der Zerstörung Jerusalems durch die

17 Jürgen Moltmann, Schechina, Das Geheimnis der Gegenwart Gottes im Judentum und Christentum, in: »Sein Name ist Gerechtigkeit«, Neue Beiträge zur christlichen Gotteslehre, Gütersloh 2009, 97-109.

Babylonier zieht die Schechina aus dem Tempel aus und wandert mit den Gefangenen in die Fremde.

Nach Franz Rosenzweigs Deutung wird die Schechina Gottes selbst heimatlos und wandert mit den Israeliten durch die Exile der Welt, bis sie einst mit dem Ewigen vereint zur Ruhe kommt und die ganze Welt erfüllt. Der Schechina in der Zeit liegt eine Selbstunterscheidung Gottes zugrunde:

> »Gott scheidet sich von sich selbst, er gibt sich weg an sein Volk, er leidet seine Leiden mit, er zieht mit ihm in das Elend der Fremde, er wandert mit seinen Wanderungen«.[18]

Das klingt wie eine Prophezeiung der Leiden Gottes und der Juden in dem Holocaust von Auschwitz, obwohl es 1921 im »Stern der Erlösung« geschrieben ist.

Jedes Sch'ma Israel vereinigt die zeitliche und menschliche Schechina mit dem Ewigen.

4.2 Das Konzept der Perichoresis: Ewigkeit in der Zeit – Zeit in der Ewigkeit

Die christliche Theologie lehrt die Menschwerdung Gottes und die Auferstehung des Menschen. Während die Schechina Gottes kollektiv im ganzen Volk wohnt, ist die Inkarnation Gottes nur in einer Person: Jesus von Nazareth. Darum ist Jesus auch der »eingeborene Sohn« Gottes.

> »Und das Wort ward Fleisch und wohnte unter uns, und wir sahen seine Herrlichkeit, eine Herrlichkeit als des eingeborenen Sohnes vom Vater, voller Gnade und Wahrheit« (Joh 1,14).

18 Franz Rosenzweig, Der Stern der Erlösung, Heidelberg 1954^3, 192-194.

In dem menschgewordenen Gott, Jesus Christus, ist der ewige Gott zeitlich geworden, in Geburt und Sterben. Die Menschwerdung Gottes heißt auch die Zeitwerdung der Ewigkeit. Gott wurde im Leben Jesu mit den Lebenden und im Tode Jesu mit den Toten solidarisch. Gottes Ewigkeit ist nicht nur zeitlich, sondern auch das Ende der Zeit im Tod – die Finsternis – wird von der Ewigkeit erfüllt. Der schon benannte Johann Rist hat in seinem Karsamstagslied gedichtet: »O große Not, Gott selbst ist tot, am Kreuz ist er gestorben«. Auch der Tod Jesu ist ein Teil der Ewigkeit.

Und in dem auferweckten und auferstandenen Jesus ist das Leben und das Sterben verewigt. Gott ist in Jesus zeitlich und menschlich, und der Mensch Jesus ist in Gott ewig.

Das ist die *Perichoresis*[19]: die wechselseitige Einwohnung und die gegenseitige Einräumung der Bewegung. Der theologische Gedanke kam aus der Theologie der griechischen Kirchenväter, namentlich Gregor von Nazianz, aber im Neuen Testament beschreibt Johannes die Immanenz des Einen in dem Anderen am meisten:

> »Damit sie alle eins seien, wie du, Vater, in mir bist, und ich in dir, so sollen auch in uns sein, damit die Welt glaube, dass du mich gesandt hast« (Joh 17,21).

Das wird das »Hohepriesterliche Gebet« Jesu genannt, und es steht im Zeichen der »Ökumenischen Bewegung« zur Vereinigung der Kirchen.

Jesus der Sohn Gottes und Gott der Vater sind nicht zwei getrennte Personen, sie sind auch nicht eine Person in zwei »Seinsweisen«, wie Karl Barth meinte.

19 Jürgen Moltmann, Perichoresis, in: »Sein Name ist ›Gerechtigkeit‹«, 140-156.

»Wer mich liebt, der wird mein Wort halten, und mein Vater wird ihn lieben, und wir werden zu ihm kommen und Wohnung bei ihm (oder bei ihr) machen« (Joh 14,23).

Nach der Theologie des Johannes gibt es eine wechselseitige »Einwohnung« Gottes und der Menschen in der Liebe:

»Wer in der Liebe bleibt,
der bleibt in Gott
und Gott in ihm (oder in ihr)« (1 Joh 4,6).

Versuchen wir das auf Zeit und Ewigkeit zu übersetzen:

Wer von den zeitlichen und sterblichen Menschen in der Liebe bleibt, der bleibt in alle Ewigkeit und die Ewigkeit bleibt in seiner oder ihrer Lebenszeit.

Die Ewigkeit wird zeitlich in der Liebe und die Zeit ewig.

KAPITEL 6: WAHRHEIT ZUR ZEIT DER LÜGEN (FAKE NEWS)

1. Wahrheit im Übergang zur Lüge

Leben wir in einer »post truth«-Zeit? In einer Zeit, in der es keine objektive Wahrheit mehr gibt und man alles beweisen und in der man Lüge von Wahrheit nicht mehr unterscheiden kann? Das TIME-Magazin hat eine Nummer herausgegeben mit der Frage: »Is God Dead? ls Truth Dead?« Oder ist das nur in der Politik so, und nur in Amerika unter Präsident Trump?

Der Leib der Wahrheit ist Frieden, der Leib der Lüge ist Krieg. In der nationalistischen Machtpolitik, die wir in unseren Tagen z.B. unter Präsident Putin in Russland oder unter anderen totalitären Machthabern in der Welt erleben, ist die Wahrheit nicht mehr gefragt. Sie führen Krieg im Frieden, eine hybride Form des Krieges mit ökonomischen Sanktionen und cyber wars, mit fake news und Lügen. Sie glauben an das »survival of the fittest« und halten ihre Nation für die »fittest«: Darum nur bilaterale deals, wenn man der Stärkere ist.

Die Wahrheit ist immer das erste Opfer des Krieges. Ich habe das schon einmal erlebt: Die Nazi-Zeit war 1933 - 1945 in Deutschland eine Zeit voll »Lug und Trug«. Alles war auf den Zweiten Weltkrieg ausgerichtet. Die hohe Staatsverschuldung war auf das Beutemachen im Krieg hin angelegt. Der Krieg begann 1939 mit einem »fake fact«: Polnische Soldaten überfielen den deutschen Sender in Gleiwitz. Das war für Hitler der aktuelle Kriegsgrund gegen Polen. Es waren aber SS-Männer in polnischen Uniformen. Die Toten, die sie zurückließen, waren KZHäftlinge. Vor dem zweiten lrakkrieg musste Colin Powell die amerikanische Kriegslüge im UNO-Sicherheitsrat vertreten und man sah die Lüge auf seinem Gesicht. Der Krieg ist der Vater der Lüge. Im Kampf wird die Wahrheit suspendiert. Alles ist erlaubt, wenn es dem eigenen Nutzen dient. Innenpolitisch ist immer Wahlkampf, außenpolitisch ist immer Machtkampf. Es ist, als hätten Politiker das Buch von John Austin gelesen, »How to do things with words«, nur haben sie es missverstanden.

Aber Politik ist nicht alles: Es gibt in Demokratien unabhängige Gerichte, vor denen man unter Eid die Wahrheit sagen muss. Es gibt die Universitäten mit den objektiven Wahrheiten der Wissenschaften. Es gibt ehrenhafte Politiker, die sagen, was sie tun, und tun, was sie sagen. Wahrheit schafft Vertrauen und Vertrauen schafft Frieden und ohne Frieden ist kein Leben möglich.

Der Kampf der Wahrheit gegen die Lüge ist ein Kampf auf Leben und Tod. Es ist der Kampf um das Überleben der Menschheit.

2. Objektivität ist Wahrheit: Wissenschaft

Die akademische Gemeinschaft der Universität ist eine »truth-seeking community«, wie sie John Polkinghorne in Cambridge treffend bezeichnet hat. Darum spreche ich zuerst von der wissenschaftlichen Wahrheit: Die wissenschaftliche Wahrheit ist objektiv nachprüfbar, das Experiment ist wiederholbar und wird dadurch bewiesen. Die wissenschaftliche Theorie ist heuristisch auf die nächste bessere Theorie angelegt. Hier gilt der alte Satz für objektive Wahrheit: »Adaequatio rei et intellectus«. Jeder Widerspruch wird als Fehler nachgewiesen. Falsche Zahlen werden aufgedeckt. Betrug bei Dissertationen führt zur Aberkennung des Doktortitels, wie es bekannten deutschen Politikern ergangen ist.

Die wissenschaftliche Erkenntnis ist Teil der wissenschaftlich-technischen Zivilisation, die sich weltweit durchgesetzt hat. Sie diente aber nicht nur der Erkenntnis der Wahrheit, sondern auch der Macht der Menschen über die Natur. »Wissen ist Macht«, hatte vor 400 Jahren, als diese Rationalität in Europa entwickelt wurde, Francis Bacon proklamiert. Von Francis Bacon bis zu Immanuel Kant wurden naturwissenschaftliche Experimente mit der Folter verglichen, um der Natur ihre Geheimnisse zu entreißen. Dieser Vergleich ist nicht nur »machtförmig« (C. F. von Weizsäcker), sondern auch gewalttätig zu nennen. Während Naturwissenschaften historisch zu immer neuen »Entdeckungen« fortschritten, hatten die westlichen Imperien ihre »Eroberungen« der Welt gemacht. Wie schnell »Wissen als Erkenntnis der Wahrheit« sich in »Wissen als Macht« verwandelt, kann man sehen: Sieben Jahre nach der ersten nachgewiesenen Kernspaltung durch Lise Meitner und Otto Hahn 1938 fielen schon 1945 die Atombomben auf Hiroshima und Nagasaki.

Alle zehn Jahre verdoppelt sich unser naturwissenschaftliches Wissen, aber wir haben keine Macht über diese Macht. Der Forschertrieb und die Konkurrenz zwingen uns zum Fortschritt. Wir sind zum Fortschritt verdammt! Westliche Wissenschaften haben die asiatischen Weisheitslehren »überholt«, die das Wissen mit

Weisheit verbanden. Wir brauchen eine humane und ökologische Weisheit, um mit unserem immensen Wissen lebensförderlich umzugehen, die Menschen nicht »TRANSHUMAN« zu optimieren und die Erde nicht unbewohnbar zu machen. In den Ethikkommissionen wächst ein solches Wissen heran, wie man mit dem immensen Wissen umgehen soll, wenn es dem Frieden dienen soll.

»Die Universität Düsseldorf bildet aus«, las ich kürzlich. Die Universität als »Berufsschule«? Diese Ökonomisierung der Wissenschaft spaltet die Lehre von der Forschung ab. Als ich vor 70 Jahren studierte, nahmen die Studierenden an den Forschungen der Lehrenden teil, heute müssen Lehrende »Drittmittel« eintreiben und ihre Forschungen auf das Sabbatical verschieben. Die Studierenden sind nicht mehr »akademische Bürger(innen)«, die ihre Studien selbst bestimmen. Der Bologna-Prozess »macht ihnen Beine« oder »Punkte«.

Die Evangelische Kirche in Deutschland hat überraschenderweise zum Fasten sieben Wochen vor Ostern 2019 mit dem Slogan aufgerufen: »Mal ehrlich – sieben Wochen ohne Lügen«. Darüber ist eine Diskussion entbrannt – auch in Tübingen. Psychologen erklären: Durchschnittlich lügt ein Mensch bis zu neunmal am Tag. Was aber ist eine Lüge? Ich gehe davon aus, dass einer die Wahrheit kennt und doch die Unwahrheit sagt, weil er sie für nützlicher hält. Wir bezeichnen das als »Lüge«, weil wir das nicht gut finden, sondern schlecht. Wir erheben die Moralvorstellungen »gut und schlecht« über die Aussagen eines Menschen. Zu lügen ist »schlecht«, die Wahrheit zu sagen ist »gut«. Das gilt unter normalen Umständen unter Menschen oder in friedlichen Zeiten. Die Menschen, die die Wahrheit sagen, sind mit sich einig und im Frieden mit ihren Mitmenschen. Unter unnormalen Umständen und in Zeiten der Diktatur werden Lügen oft »gut«, wenn damit Menschen gerettet wurden. Ich denke an die Zeit der Judenverfolgung durch die Nazidiktatur in Deutschland. Damals war die Wahrheit über versteckte Juden zu sagen tödlich, zu lügen war lebensrettend. »Wahrheit und Lüge« sind nicht abstrakt, sondern in den konkreten Situationen des Lebens zu beurteilen.

3. Die Personalität ist Wahrheit: Humanität

Ich meine hier die Persönlichkeitsbildung, also Ehrlichkeit und Wahrhaftigkeit, honesty and integrity, kurz: mit sich einig zu sein; man selbst zu sein; »ein eigener Mensch zu werden«. Dazu gehört, nicht zu lügen, sondern die Wahrheit zu sagen. »Wer einmal lügt, dem glaubt man nicht, und wenn er auch die Wahrheit spricht«, lautet ein deutsches Sprichwort. Einer Rede fehlt es an Integrität, wenn sie die wahre Absicht verheimlicht, d.h. wenn da ein Widerspruch vorliegt zwischen dem, was gesagt wird, und dem, was beabsichtigt ist. Wenn das vorliegt, dann ist die Rede nicht auf Kommunikation ausgerichtet, sondern will den anderen übervorteilen oder Macht über die anderen gewinnen. Also prüfen wir bei Aussagen, ob sie sagen, was sie meinen, oder ob sie beabsichtigen, den anderen zu dominieren.

Wahrheit ist subjektiv die Übereinstimmung von Absicht und Aussage. Wahrheit ist subjektiv die Entsprechung von Wort und Tat. Diese Entsprechungen wurzeln tief im Selbstverhältnis eines Menschen: Wer einig mit sich selbst ist, der belügt sich selbst nicht und auch nicht andere. Wer sich selbst annimmt, gewinnt Selbstvertrauen. Wer sich selbst nicht kennt, wer mit sich selbst zerfallen ist, dem misstrauen andere. Die Personalität ist die Wahrheit: Sei stets mit Dir selbst einig.

Wahrheit schafft Vertrauen. Auch das hat mit »How to do things with words« zu tun. Kinder haben ein angeborenes Grundvertrauen. Erwachsene müssen ein realistisches Vertrauen entwickeln: Aus blindem Vertrauen muss ein sehendes Vertrauen werden. Dazu ist Misstrauen notwendig. Die heute gern verwendeten Begriffe für Vertrauenswürdigkeit wie »Transparenz« und »Berechenbarkeit« sind Objektivierungen, die der menschlichen und personalen Dimension von Vertrauen und Verantwortung nicht gerecht werden. Transparent und berechenbar sind auch Computer. Sie können aber nicht zur Verantwortung gezogen werden.

Vertrauen schafft Lebensatmosphäre, Freiheit. Wir verstehen Vertrauen als etwas, ohne das es kein menschliches Leben gibt. Menschliches Leben kann nicht wie animalisches Leben nur gelebt werden, es muss bejaht, angenommen und geliebt werden, denn es kann ja auch verneint, abgelehnt und gehasst werden. Ein Menschenleben, das verneint, abgelehnt und gehasst wird, wird krank und stirbt ab. Das ist nicht nur bei Kindern so, die zu Straßenkindern oder Kindersoldaten gemacht werden. Es geht auch Erwachsenen so: Vertrauen ist der Lebensraum der Freiheit. Wo andere Menschen mir vertrauen, kann ich aus mir herausgehen und mich frei entfalten. Wo mir Misstrauen und Ablehnung begegnen, werde ich in die Enge getrieben, ziehe mich zurück oder werde aggressiv. In einer vertrauten Umwelt fühle ich mich frei, eine fremde Umwelt macht mich vorsichtig.

Die Grundlage allen Vertrauens ist das Versprechen. Der Mensch ist »das Lebewesen, das versprechen kann«, fand Friedrich Nietzsche, und, wie jedes Kind hinzufügen wird, das seine Versprechen auch halten muss. Halte ich meine Versprechen, dann mache ich mich für die anderen vertrauenswürdig und gelte als »zuverlässig«: Durch meine Versprechen, die ich eingehe, lege ich mich in meiner Vieldeutigkeit fest und werde eindeutig. In der Treue zu seinen Versprechungen gewinnt ein Mensch Kontinuität in der Zeit, weil er an sich selbst erinnert wird. Eine Person gewinnt Identität in ihren

Versprechen. Wer sein Versprechen bricht, verliert sich selbst; wer sein Versprechen hält, bleibt sich treu. Wer sich um seine Versprechen nicht kümmert, wird zum Betrüger und kennt am Schluss sich selbst nicht mehr.

Die lebensgeschichtliche Identität einer Person wird mit ihrem Namen bezeichnet. Durch meinen Namen identifiziere ich mich mit dem, der ich in meiner Vergangenheit war, und antizipiere mich als den, der ich in meiner Zukunft sein werde. Mit meinem Namen bin ich ansprechbar; mit meinem Namen unterzeichne ich meine Verträge und bürge für meine Verpflichtungen. Soziales Zusammenleben von freien Personen ist immer ein dichtes Geflecht von Versprechen und Verlässlichkeiten. Verlässlichkeit und Treue sind die Kennzeichen der Wahrheit von Personen. In diesem Sinn ist »Subjektivität« Wahrheit.

Doch diese Wahrheit wird nicht nur durch Betrug und Lüge gefährdet, sondern auch durch die politische und ökonomische Kontrolle. Es ist, als sollte Lenin für moderne Gesellschaften Recht behalten: »Vertrauen ist gut – Kontrolle ist besser«. Das Sicherheitsverlangen – nach dem nichtstaatlichen Terror »9/11« in New York und an anderen Orten – hat die Kontrollapparate zu Schwindel erregenden Größen aufgebaut. Dabei wird die alte Frage »Wer kontrolliert die Kontrolleure?« Vergessen oder nicht gestellt. Karl Marx hat dieses Dilemma des Überwachungsstaates benannt, aber nicht beantworten können. Die Frage stammt von dem lateinischen Satiriker Juvenal: »Quis custodiet ipsos custodos?« Die Antwort war in den sozialistischen Diktaturen: Kontrolleure kontrollieren die Kontrolleure. Darum wuchsen die Staatssicherheitsdienste ins Unermessliche, wie die Stasi-Akten beweisen. Wie ein Krebsgeschwür breitete sich dieser Sicherheitsdienst in jeder Stadt, in jedem Dorf, in jeder Fabrik und jeder Familie aus und verbreitete nicht Sicherheit, sondern allgemeines Misstrauen: Sage nie die Wahrheit, sondern immer nur, was die Partei von dir hören will. Damit ging nicht nur das Vertrauen in diesen Staat verloren, sondern auch das Selbstvertrauen der Menschen.

Der totale Überwachungsstaat, das ist der Polizeistaat, die Diktatur, der »Leviathan« von Thomas Hobbes. Kein »Untertan« solcher »Obrigkeit« sagt die Wahrheit, sondern was sie hören will. Also werden die Zahlen der Produktion gefälscht, um die geforderten Fortschritte zu melden. Daran ist nicht nur die DDR kaputt gegangen.

Neuerdings haben auch große Firmen elektronische Überwachungsmittel zur Kontrolle ihrer Mitarbeiter eingeführt. Die Skandale in Deutschland zeigen, dass durch diese »Effizienzkontrolle« das Betriebsklima nachhaltig zerstört wird. Das wahre »humane Kapital« der Firma ist das Vertrauen ihrer Mitarbeiter. Nur Vertrauen schafft Interesse, Mitverantwortung und freiwillige Mitarbeit. Dieser menschliche Umgang ist durch keinen Computer zu ersetzen. Wer kontrolliert die digitalen Überwachungsinstrumente wie Google und Facebook? Die überall gesammelten Daten – auch Big Data genannt – können offenbar immer weniger geschützt werden, sie werden verkauft oder gestohlen und ohne unseren Willen ausgenutzt. Es ist – mit dem Titel des Buches von Pär Ström gesagt – eine »Überwachungsmafia« entstanden, die »gutes Geschäft mit unseren Daten« macht. Wir werden digital überwacht, und nicht nur überwacht, sondern auch manipuliert.

Ohne Vertrauen funktioniert keine Kontrolle, aber kann man den Kontrolleuren trauen? Ohne Freiheit gibt es kein Sicherheitsbedürfnis, aber welche Sicherheit garantiert unsere Freiheit und die personale Subjektivität der Wahrheit?

Der Überwachungsstaat wird mit einem extrem pessimistischen Menschenbild begründet: »Der Mensch ist des Menschen Wolf« (homo homini lupus). Darum braucht der Mensch die starke

Hand des Staates. Aber der Überwachungsstaat wird zum »Leviathan«, zum gefräßigen Super-Wolf, weil er aus Menschen besteht. Die Diktaturen sind die Herrschaft der Wölfe, die niemand kontrolliert, weil sie alles kontrollieren.

4. Der Geist der Wahrheit

Beginnen wir mit dem berühmten Lessing-Wort von den beiden Händen Gottes:

> »Wenn Gott in seiner Rechten alle Wahrheit und in seiner Linken den einzigen, immer regen Trieb nach Wahrheit, obschon mit dem Zusatze, mich immer und ewig zu irren, verschlossen hielte, und spräche zu mir: wähle! Ich fiele ihm mit Demut in seine Linke, und sagte: Vater gib! Die reine Wahrheit ist ja doch nur für Dich allein!«[1]

Wenden wir uns zunächst zur linken Hand Gottes:

Der »immer rege Trieb nach Wahrheit« zeigt sich in der Lust an der Forschung und an »Ent-deckungen«. Die Wahrheit heißt auf Griechisch aletheia, das »Unverborgene«. Das Verborgene der Natur zu ent-decken und »aufzuklären«, das macht den Reiz der Forschungen aus. Die Übereinstimmung zwischen Theorie und der Erfahrung ist Wahrheit. Wahrheit ist die Übereinstimmung von Erkenntnis und Sachverhalt, sowie die Übereinkunft von Wissen und Weisheit. Im Mittelalter galt »Neugier«, curiositas, als Sünde. Am Beginn der Neuzeit wurde wissenschaftliche Neugier zum »immer regen trieb nach Wahrheit«. Wir wissen mehr und wollen mehr

1 Gotthold Ephraim Lessing, Eine Duplik, 1778, Theol. Schriften III, 26.

wissen, als wir Menschen zum Überleben brauchen. Das macht die Suche nach Wahrheit.

Lessing meinte mit dem »immer regen Trieb nach Wahrheit« nicht nur die Suche nach dem Geheimnis, »was die Welt im Innersten zusammenhält«, sondern auch die subjektive Wahrheit im Umgang der Menschen miteinander: Hier ist Wahrheit die Übereinstimmung von Kopf und Herz, von Versprechen und Treue, von Absicht und Aussage, von Vertrauen und Frieden. Der »Trieb nach Wahrheit« ist hier die Leidenschaft für den Frieden, denn Frieden ist die Bedingung der Wahrheit und der Krieg der Vater der Lügen.

Frieden ist nicht nur die Abwesenheit von Gewalt, sondern auch die Anwesenheit von Gerechtigkeit. Ohne Gerechtigkeit gibt es keinen nachhaltigen Frieden. Im menschlichen Zusammenleben ist der »Trieb nach Wahrheit« viel schwieriger als in der objektiven Wahrheit der Naturwissenschaften. Viele resignieren und schlagen sich mit Notlügen und Schweigen durch. Und doch sehnen sich alle nach Wahrhaftigkeit und Integrität. In Südafrika hat Bischof Desmond Tutu nach dem Sturz des weißen Apartheidregimes die »Truth and Reconciliation Commissions« eingerichtet. Sie waren Orte, wo die verdeckten und verdrängten Wahrheiten ans Licht kamen. Das hat zum Frieden in Südafrika beigetragen. Ich wollte, das hätte es bei der »Wende« von der sozialistischen Diktatur zur Demokratie in mittel- und osteuropäischen Staaten auch gegeben.

Wenden wir uns der rechten Hand Gottes zu: Die »reine Wahrheit« und »alle Wahrheit«, wie Lessing sagte, ist in Gottes rechter Hand.

Ohne die reine, volle Wahrheit gäbe es den Wahrheitstrieb im Menschen nicht. Ohne die Hoffnung, die reine, volle Wahrheit zu finden, würden wir uns nicht auf die Suche machen. Die reine, volle Wahrheit zeigt sich nicht an einem anderen, sondern an sich selbst. Darum ist sie in Gott verankert: »Vater, ... die reine Wahrheit ist ja doch nur für dich allein«. Sie ist entweder verborgen, wie Gott für den Menschen, oder sie ist die Selbstoffenbarung Gottes an den Menschen. »Veritas est index sui et falsi«, lautet ein alter Spruch. Die reine, volle Wahrheit gibt sich im Selbsterweis zu erkennen. Das Geheimnis der natürlichen Wahrheit können wir in der Forschung »ent-decken«. Das Geheimnis der menschlichen Wahrheit ist in unseren wahrhaftigen Geist und unsre ehrlichen Herzen gelegt. Das Geheimnis der göttlichen, d.h. der reinen, vollen Wahrheit, muss uns »offenbart« werden. Vielleicht können wir nicht sagen, was die reine, volle Wahrheit ist, aber sie zeigt sich schon im index falsi, im Aufdecken des Falschen. An der Wahrheit offenbart sich die Lüge; am Guten offenbart sich das Böse; am wahren Leben wird das »falsche Leben« sichtbar.

Aber müssen wir überhaupt wählen zwischen den beiden Händen Gottes? Die »reine, volle Wahrheit« und der »immer rege Trieb nach Wahrheit« bedingen sich doch gegenseitig und verhalten sich komplementär zueinander: Ohne die Wahrheit gäbe es keinen Trieb nach der Wahrheit, und der Trieb nach der Wahrheit zeigt uns an, dass es die Wahrheit gibt.

Aber warum ergreifen wir nicht die beiden Hände Gottes? Genauer gesagt: die rechte Hand Gottes ergreift uns und die linke Hand Gottes treibt uns an.

Im Glauben sind wir von dem Selbsterweis der ewigen Wahrheit ergriffen und dann treibt der Geist der Wahrheit uns an, die Wahrheit zu suchen und dem Frieden nachzujagen.

Psalm 36,10: »In deinem Lichte sehen wir das Licht« der Wahrheit.

KAPITEL 7:
VERHEISSUNG DER HERRLICHKEIT

1. Was meinen wir, wenn wir etwas oder jemand »herrlich« nennen?

»Wie herrlich leuchtet mir die Natur ...«, dichtete Goethe. Ich habe dieses Gedicht viele Male von meiner Mutter an einem schönen Frühlingsmorgen gehört. Wir nennen einen überwältigenden Sonnenaufgang »herrlich«. »Ich rieche eine Rose und ich rieche das Reich Gottes«, rief der holländische Theologe Arnold van Ruler aus. Ein einzelner Baum, der sich auf einer Wiese prächtig entfaltet, ist »herrlich«. Alles in der Natur hat seinen eigenen Glanz, wenn es zu blühen beginnt und reif wird. Auch ein Löwe und ein Adler sind herrlich, wenn sie voller Lebenskraft sind. Wir nennen eine Naturgestalt herrlich, wenn sie überraschend auf unsere Augen trifft und wir sie bewundern.

Wir nennen das Weihnachtsoratorium von Johann Sebastian Bach oder eine Symphonie von Beethoven »herrlich«, weil wir ihre Vollkommenheit rühmen. Wir finden eine Figur von Michelangelo oder Rodin »herrlich«, weil sie uns gelungen vorkommt. So wie das Glück eine Mischung von Gnade und Geist, so ist menschliche Kunst »herrlich«.

In der Kunstgeschichte gab es auch eine programmatische Herrlichkeit im Barock nach den Verwüstungen des Dreißigjährigen Krieges. Wir bewundern die religiöse Kunst des Barocks z.B. auf der oberschwäbischen Barockstraße. Das war auch die Zeit des »Sonnenkönigs« Ludwig XIV: in Versailles, der seine absolutistische Macht mit Pracht zeigte.

Wir rühmen die Nobelpreisträger oder Olympiagewinner als »herrlich« wegen ihrer einzigartigen Leistung. Das Gastmahl in einem Sternerestaurant hat »herrlich« geschmeckt oder auch »baked beans« hat den hungrigen und verwahrlosten Soldaten bei der Gefangennahme durch die Engländer 1945 »herrlich« gemundet, es hat nach Leben geschmeckt.

Herrlich ist auch ein gewagtes Fußballtor. Aber im Grunde ist jeder Mensch herrlich, der im Einklang mit sich selbst lebt. Wenn ein Mensch seinen vollkommenen Ausdruck findet, ist es herrlich. Wenn es zur Entsprechung von Erkenntnis und Wirklichkeit kommt, nennen wir diese Wahrheit herrlich.

Herrlich ist alle Vollkommenheit. Die Vollkommenheit ist keine Steigerung des Unvollkommenen. Schön – sehr schön – wunderschön: Herrlich. Sie stellt sich auch nicht ein, wenn wir das Unvollkommene anhäufen. Vollkommenheit ist eine neue Qualität, unerreichbar für das Unvollkommene, Fragmentarische und Anfängliche.

»Wenn aber kommen wird das Vollkommene,
so wird das Stückwerk aufhören« (1 Kor 13,9).

Wenn wir etwas »herrlich« nennen, ist das nicht selbstbezüglich von Nutzen. Es ist der objektivste Ausdruck, den wir finden können.

Selbstvergessen, spontan und begeistert kommt beim Ausdruck »herrlich« über unsere Lippen. Um seiner selbst willen nennen wir etwas oder jemanden »herrlich«.

Das deutsche Wort »herrlich« enthält den »vornehmen Herrn« und seine Herrschaft. Das ist weder im Hebräischen kabod, noch im Griechischen doxa, im Lateinischen gloria und im Englischen marvellous, glorious, magnificent oder splendid so. Wir verstehen hier die »Herrlichkeit« als Schönheit und Güte, die Eros und Sehnsucht erweckt, und nicht als »Herrschaft«, die zu fürchten ist.

2. Biblischer Sprachgebrauch

Im biblischen Sprachgebrauch kommt jedem lebendigen Geschöpf »Herrlichkeit« und »Vergänglichkeit« zu. Symbol ist das »Gras, das am Morgen blüht und sprosst und Abend welkt und verdorrt« (Ps 90,4-5; 102,12).

»Alles Fleisch ist wie Gras, und alle seine Güte ist wie die Blume auf dem Felde. Das Gras verdorrt und die Blume verwelkt« (Jes 40,6). 1. Petrus 1,24 übersetzt mit »alle seine Herrlichkeit«. Paulus spricht vom »Glanz«, wie Luther doxa hier übersetzt: »Einen anderen Glanz hat die Sonne, einen anderen Glanz hat der Mond, so auch die Auferstehung der Toten ... Es wird gesät in Niedrigkeit und wird auferstanden in Herrlichkeit« (1 Kor 15,41-43).

Paulus dreht die Grasmetapher hier um, statt von der Herrlichkeit zur Vergänglichkeit, von der Blüte zum Welken, spricht er von der Vergänglichkeit zur Herrlichkeit und vom Sterben zur Blüte der ewigen Lebendigkeit in der Auferstehung des Lebens. Statt von dem natürlichen Prozess »Werde und Stirb« spricht er vom »Stirb und Werde« der neuen Schöpfung. Die »Herrlichkeit der neuen

Schöpfung von Himmel und Erde« samt allen Bewohnern ist der »Endzweck« der Schöpfung im Anfang und der Weltgeschichte.

Kommt jedem Geschöpf »Glanz« zu, so hat auch jedes Geschöpf »Herrlichkeit« als Realverheißung in sich. Wie die Sonne die Erde zum Glänzen bringt, so ist jedes Geschöpf von transzendenter Schöpferherrlichkeit erleuchtet und durchglüht. Das zeigt sich in der Blüte, in der Kraft und Schönheit aller Geschöpfe Gottes. Psalm 104 preist die Schönheit als Freude des Schöpfers an seiner Schöpfung. Der überschwänglich schöpferische Gott ist auch der glückliche Gott, wenn man Seligkeit mit »Glück« übersetzt, wie es die deutsche Wortbildung »Glückseligkeit« nahelegt.

3. Das Ungute. Die Vergänglichkeit

Wenn man etwas verstehen will, ist es hilfreich, sich das Gegenteil vorzustellen. Jede Definition ist auch eine Negation. Was also ist das Gegenteil von »Herrlichkeit« und was ist ausgeschlossen, wenn wir etwas oder jemanden »herrlich« nennen?

Das Gegenteil von der Herrlichkeit einer blühenden Blume ist ihr Welken und ihr Sterben, allgemeiner: Die Vergänglichkeit ist das Gegenteil von Herrlichkeit. Wenn Schönheit »herrlich« ist, ist das Hässliche ihr Gegenteil. Wenn Gelingen »herrlich« ist, ist Misslingen sein Gegenteil. Das Abstoßende im Vergleich mit dem Anziehenden der Herrlichkeit, das Widersprüchliche im Vergleich mit dem Entsprechenden, das Verächtliche im Vergleich mit dem zu Lobenden, das elende Unglück im Vergleich zu dem herrlichen Glück, ist das Gegenteil und das Auszuschließende von Herrlichkeit. Während einen das Lob groß macht, macht die Verachtung einen klein. Das Gegenteil von »Verherrlichen« ist Erniedrigen.

Herrlichkeit ist das Positive, an welchem das Negative offenbar und erkannt wird. Das Böse nennen wir auch »das Ungute«, während sich das Gute nicht aus der Negation des Bösen ergibt. Das »radikal Böse« (Kant) wird offenbar und erkannt am »höchsten Gut« (summum bonum). Insofern macht »Herrlichkeit« sensibel für alles Unherrliche, das zu verabscheuen und auszuschließen ist.

4. Was ist eine »Verherrlichung«?

Herrlichkeit ist eine Qualitätsbezeichnung, Verherrlichung ist eine Handlung in Beziehung zur Herrlichkeit. Wir nähern uns wie bei »schön« über eine Steigerung der Verherrlichung an: Grüßen – beachten – wertschätzen – achten – loben – ehren – verehren – ein Fest feiern – verherrlichen.

Der Wert des Grüßens leuchtet erst ein, wenn Nachbarn oder Kollegen einen nicht mehr grüßen. Dann fühlt man sich nicht beachtet. Um Wertschätzung ringen heute die Pflegekräfte in unseren Altersheimen, um öffentliche Wertschätzung ihrer Arbeit in den Pandemiezeiten. »Die Würde des Menschen ist unantastbar. Sie zu achten und zu schützen ist Verpflichtung aller staatlichen Gewalt« (Grundgesetz Art. 1). Es gibt Menschen, die einfach nicht loben können, sei es aus Neid oder aus der Auffassung heraus, dass jeder Mensch nur seine Pflicht tun müsse. Wir ehren, wem Ehre gebührt. Wir ver-ehren die Menschen, die wir bewundern, an denen wir uns ein Vorbild nehmen. Ehren und Verehrung hebt eine Person in ihrem Selbstbewusstsein. Der Höhepunkt ist das Glückwünschen und das Festfeiern zum Ehrentag der verehrten Person. Das alles ist im Verherrlichen, im glorify, enthalten.

Die Verherrlichung kommt eigentlich nur Gott zu als dem »Höchsten Gut«, weil seine Herrlichkeit niemals welk wird und vergeht, obwohl auch Kaiser ihre Verherrlichung durch ihre Untertanen in Anspruch genommen haben. Gottes Herrlichkeit ist sein überschwängliches Glück. Gottes Verherrlichung durch die Menschen und die anderen Geschöpfe hat allerdings eine Voraussetzung, dass Gottes Herrlichkeit in der Schöpfung und der Geschichte offenbar wird:

»Mache dich auf, werde Licht,
denn dein Licht kommt
und die Herrlichkeit des Herrn geht auf über dir« (Jes 60,1).

Wenn die Herrlichkeit Gottes offenbar wird auf Erden, ist das höchste Ziel der Menschen, »to glorify God and enjoy him for ever«, wie der puritanische Westminster Katechismus 1643 formuliert.

Unser Verherrlichen ist mit dem Genießen der Herrlichkeit Gottes verbunden. Der »Genuss Gottes« ist unserer modernen Welt zwar fremd geworden. Dennoch feiern wir ein Fest zur Verehrung einer Person und zur Teilnahme an seinem Glück. Der Alten Kirche war der Genuss Gottes nicht fremd:

»Fruitio Dei et seinvicem in Deo«,

schrieb Augustin und machte die Alternative auf: Entweder brauchen wir Gott (uti), um die Welt zu genießen (frui), oder wir brauchen die Welt, um Gott zu genießen. In der modernen Welt wird alles nach Zwecken und Nutzen gewertet: Gottesglaube aber ist nutzlos und wertlos. Ich persönlich bin nicht für Augustins Alternative: Ich will Gottes Herrlichkeit in meiner Verherrlichung Gottes genießen und daran teilnehmen und dazu die Herrlichkeit seiner Welt in ihrer ganzen vergänglichen Schönheit genießen.

5. Mose will die Herrlichkeit Gottes mit eigenen Augen sehen

Die Geschichte steht im 33. Kapitel des 2. Buches Mose. Mose will Gewissheit haben, dass sein Auftrag von Gott kommt. Weil Mose Gnade gefunden hat in den Augen Gottes lässt Gott »alle meine Güte« vor Moses Angesicht vorüberziehen. Weil Gottes Angesicht aber kein Mensch sehen kann, ohne zu sterben (Ex 33,20), versteckt Gott Mose in einer Felsenkluft:

> »Siehe, da ist ein Raum bei mir, da sollst du auf dem Felsen stehen. Wenn dann meine Herrlichkeit vorüber geht, will ich dich in die Felskluft stellen und will meine Hand über dir halten, bis ich vorüber gegangen bin. Dann will ich meine Hand von dir tun, und du darfst hinter mir her sehen, aber mein Angesicht kann man nicht sehen« (Ex 33,21-23).

In dieser Geschichte scheint ein Widerspruch vorzuliegen: Gott spricht mit Mose in der Stiftshütte »von Angesicht zu Angesicht, wie ein Mann mit seinem Freunde redet« (Ex 33,11), aber wenig später heißt es: »Mein Angesicht kannst du nicht sehen, denn kein Mensch wird leben, der mich sieht« (Ex 33,20). Nach der einen Tradition ist die Herrlichkeit Gottes so übermenschlich, dass sterben muss, wer sie sieht; ähnlich wird blind, wer in die Sonne länger zu sehen wagt. Nach der anderen Tradition, die sich vor allem in den Psalmen findet, bringt das »Schauen Gottes« das menschliche Leben in seine Fülle und in die intensivste Form seiner Lebendigkeit: »Und in deinem Lichte sehen wir das Licht« (Ps 36,10).

Nach der einen muss Gott sein Angesicht verhüllen, damit Menschen seine Herrlichkeit ertragen können, nach der anderen ist es das höchste Glück, Gott zu schauen. »Durch das Ohr habe ich von dir gehört, jetzt aber hat mein Auge dich gesehen«, heißt es in »Hiobs Reue« (Hiob 42,5). Als Mose und Aaron mit siebzig Ältesten auf den Sinai stiegen, »sahen sie den Gott Israels wie eine Gestalt des Himmels, wenn es klar ist« (Ex 24,11).

Offenbar hat die Herrlichkeit Gottes zwei Seiten: Wie ein verzehrendes Feuer und wie die Klarheit des Himmels. Das »Angesicht« Gottes bringt einmal Freundschaft und einmal Tod. Wie ist das zu erklären?

Wir nehmen den rabbinischen Begriff der »Schechina« Gottes zu Hilfe. Dann ergibt sich folgendes Bild: Wir unterscheiden zwischen Gott in seiner Hoheit und seiner Herabkunft. Das 2. Buch Mose heißt »Exodus« und beginnt mit einer »Herabkunft« Gottes. In der Wolkensäule bei Tag und in der Feuersäule bei Nacht zieht die Schechina Gottes seinem Volk voran. Mit Mose redete Gott wie mit einem Freund, »als die Wolkensäule hernieder kam« (Ex 33,9). Diese ExodusSchechina ist die Herabkunft des »Angesichtes« Gottes: »Mein Angesicht soll dir vorangehen, damit will ich dich leiten« (Ex 33,14). Das ist nicht das Angesicht Gottes in seiner Erhabenheit, sondern das Angesicht Gottes in seiner Herabkunft. Es ist ein göttliches Angesicht auf gleicher Augenhöhe wie das Angesicht des Mose, wie gleich zu gleich, wie »mit einem Freund«, nicht senkrecht von oben wie mit einem Knecht.

Gerade weil Mose das Angesicht Gottes in einer »Wolkensäule« sieht, verlangt es ihn, auch das Angesicht Gottes in seiner erhabenen Herrlichkeit zu schauen. Wer immer das freundschaftliche Angesicht Gottes gesehen hat, den verlangt es, die ewige Herrlichkeit Gottes in seiner Erhabenheit zu schauen, denn die Schechina Gottes ist die gehörte Verheißung und der gesehene Vorschein jener Herrlichkeit Gottes, die des Lebens Fülle ist und der ganzen Schöpfung Glück bringt. »Alle lande sind seiner Herrlichkeit voll« (Jes 6,3).

6. Sehnsucht nach dem Schauen

> »Wir sehen in einem Spiegel ein dunkles Bild, dann aber von Angesicht zu Angesicht. Jetzt erkenne ich stückweise, dann aber werde ich erkennen, wie ich erkannt bin« (1 Kor 13,12).

Während Paulus sonst betont, dass wir im Glauben, nicht im Schauen leben (2 Kor 5,7) und der Glaube aus dem Hören auf das Wort Gottes kommt (Röm 10,17), ist hier die Aussage gut platonisch auf das Erkennen durch das Sehen ausgerichtet. Gotteserkenntnis ist hier ein indirektes, an anderem reflektiertes, rätselhaftes Erkennen. Weil Luther an das Wort, das Glauben schafft, dachte, übersetzte er »ein dunkles Bild« mit »ein dunkles Wort«.

»Wenn das Vollkommene kommt, hört das Stückwerk auf« (1 Kor 13,10). Was Paulus hier das »Vollkommene« nennt, ist das Reich der Herrlichkeit, der Totenerweckung und der neuen Schöpfung. Wenn das kommt, dann endet ein geschichtliches Erinnern an Gottes Worte und Taten, dann werde »ich erkennen, wie ich erkannt bin«, von »Angesicht zu Angesicht«.

Das ist die visio beatifica, die Mose vergeblich anstrebte, da er Gottes Angesicht in der Wolkensäule der Schechina gesehen hatte. Paulus und die Urgemeinde erhoffen das, weil sie die Auferstehung Christi gesehen hatten und die Zukunft Christi in der Herrlichkeit Gottes erwarteten. Und so auch wir: Unser Glaube enthält die Sehnsucht nach dem Schauen der Herrlichkeit Gottes.

7. Die orthodoxe Taufe Russlands

Der russische Großfürst Wladimir in Kiew ließ sich 988 taufen und ein wenig später sein Volk der Russen. Wie ist es dazu gekommen? Die Legende erzählt:

> »Wladimir schiebt die Entscheidung auf und berät sich mit seinen Bojaren und mit den Ältesten seiner Städte. Die geben ihm den Rat, er solle eine Gesandtschaft herumschicken, um den Glauben der einzelnen Völker an Ort und Stelle erkunden zu lassen. Sie fahren zunächst zu den islamischen Bulgaren an die Wolga, dann zu den Deutschen nach Westeuropa und von dort zu den Griechen nach Konstantinopel. Nach Kiew zurückgekehrt, berichten sie von ihren Erfahrungen: Bei den Mohammedanern fühlten sie sich abgestoßen: ›Es ist keine Freude bei ihnen, sondern Trauer und großer Gestank. Nichts Gutes ist ihr Gesetz‹. Bei den Deutschen ist es nicht viel besser: ›Wir sahen sie viele Gottesdienste in den Kirchen halten, aber keine Schönheit haben wir gesehen.‹ Aber über den Gottesdienst der Griechen sagten sie: ›Wir wissen nicht, ob wir im Himmel waren oder auf der Erde. Denn einen solchen Anblick und eine solche Schönheit gibt es auf Erden nicht. Dort weilt Gott bei den Menschen, und ihr Gottesdienst ist besser als der aller anderen Länder, denn wir können diese Schönheit nicht vergessen‹«.

Nun erklärt sich Wladimir bereit, die Taufe nach dem Ritus der orthodoxen Kirche zu empfangen, schickt nach Konstantinopel und bittet um die Hand der byzantinischen Prinzessin Anna, der Schwester der Kaiser Basileios II. und Konstantin VIII.

Ludolf Müller hat die »Taufe Rußlands« 1987 in allen Einzelheiten dargestellt.

Die »göttliche Liturgie« der Ostkirche hat die urchristliche Freude an der Auferstehung Christi und die Freudenstimmung des Hochzeitsmahls festgehalten, schreibt Ernst Benz. Die liturgischen Gewänder symbolisieren die »himmlische Leiblichkeit«. Das »heitere Licht der Herrlichkeit« scheint über den ganzen Gottesdienst. In der BasileiosLiturgie heißt es:

> »Wir hielten das Gedächtnis deines Todes, wir haben das Abbild deiner Auferstehung gesehen, haben uns erfüllt mit dem unendlichen Leben und haben genossen deine unvergängliche Wonne, deren du uns auch im künftigen Weltalter zu würdigen geruhen wolltest.«

Freude ist der himmlische Ton, auf den die orthodoxen Liturgien gestimmt sind. Diese Liturgien sind im Grunde die Fortsetzung der Erscheinungen des auferstandenen Christus selbst. Das Abendmahl/die Eucharistie ist die Fortsetzung des »messianischen Freudenmahls«, das Hochzeitsmahl Christi mit seiner Kirche.

Die orthodoxe Theologie lebt in den Liturgien ihrer Kirche. Es gibt zahlreiche Liturgien, aber die byzantinische Reichskirche hat im 6. Jahrhundert die Chrysostomos-Liturgie als Reichsliturgie durchgesetzt, wie sie in der Hauptkirche der Stadt Konstantinopel, der Hagia Sophia, gefeiert wurde. Sie ist nach dem berühmten Patriarchen Johannes Chrysostomos (344 - 407) benannt. Neben ihr steht die Basileios-Liturgie des byzantinischen Mönchtums. Sie ist nach dem großen Theologen und Mönchsvater Basileios des Großen (330 - 379) benannt.

Das zentrale Geschehen in den orthodoxen Liturgien ist die Erscheinung des auferstandenen Christus, das zelebriert wird. »Die Vorwegnahme seiner Parusie, die Eröffnung der persönlichen Gemeinschaft mit dem erhöhten Herrn«, schreibt Ernst Benz[2] und die Gemeinschaft mit dem Herrn von Himmel und Erde und deshalb mit jedem Geschöpf in seinem Kosmos, wie ich hinzufügen möchte. Das Bild von Christus Pantokrator steht im Zentrum vieler orthodoxer Kirchen. Der Priester ruft:

»Christus ist mitten unter uns«, die Gemeinde antwortet: »Er ist es und wird es sein«.

Ich wähle ein paar Verse aus den »heiligen Gesängen« im orthodoxen Osterfest:

»Jubelt, ihr Himmel, auf würdige Weise!
Erde, jauchze auch du!
Hoch frohlocke der Kosmos, der gesamte:
Jener, der sichtbar, und jener, der nicht sichtbar!
Christus ist erwacht.
Er, die Lust der Äonen«.

»Alles quillt über von Licht!
Himmel und Erde, selbst die unterirdische Welt:
Jede Schöpfung feiere Christi Erweckung froh!«

»Darum feiern wir des Todes Tötung
und des Hades Bändigung –
Eines Anderen Lebens Anfang, das in Ewigkeit währt«.

Und zum Schluss:

»Tag der Auferstehung!
Ja, licht lasst uns werden am Volksfest!

2 Vgl. Ernst Benz, Die heiligen Gesänge der Ostkirche, Hamburg 1961.

Einander umarmen wollen wir uns!
Jenen wollen wir ›Brüder‹ sagen – die uns hassen!
Um der Auferstehung willen lasst uns alles vergeben!
Und also wollen wir rufen:
Christus ist von den Toten erstanden,
den Tod durch den Tod bezwingend,
und die in den Gräbern hat er beschenkt mit dem Leben«.

Nach dem Untergang von Byzanz 1452 wird das Zentrum der orthodoxen Kirche nach Russland verlagert. Moskau wird das apokalyptische »Dritte Rom« und »ein viertes wird es nicht geben«.

8. Die Auferweckung Christi zur Herrlichkeit Gottes

Die moderne Theologie hat die Auferstehung Christi personal existential auf die Auferstehung der Toten und das ewige Leben der Glaubenden eingeschränkt. Das orthodoxe Osterfest, das die altkirchlichen Traditionen bewahrt hat, verkündet von einem kosmischen Ereignis und von der Freude der ganzen Schöpfung. Heute ist die moderne Welt in ihre ökologische Krise oder Katastrophe geraten, darum tritt die christliche Theologie in ihre ökologische Wende ein und versteht ihre eigene, altkirchlich-orthodoxe Tradition besser. Die weltüberlegene Siegesgewissheit des orthodoxen Osterfestes ist den westkirchlichen Spiritualitäten bisher unerreichbar.

Ich will als evangelischer Theologe die kosmische Auferstehung bei Paulus nachzeichnen, indem ich die Auferstehung Christi auf das »Seufzen der Kreatur« nach Römer 8 beziehe.

> »Denn die Schöpfung ist unterworfen der Vergänglichkeit ... doch auf Hoffnung, denn auch die Schöpfung wird frei werden von der Knechtschaft der Vergänglichkeit zu der herrlichen Freiheit der Kinder Gottes« (Röm 8,20-21).

Vergänglich ist die Schöpfung, weil sie sterblich ist. Weil sie sterblich sind, tötet der Mensch die Tiere und die Pflanzen und seinesgleichen und macht das »Seufzen der Kreatur« heute hörbar. Der »Schrei der Erde« unter der Zivilisation der Menschen wird heute weltweit laut: Artensterben, Erderhitzung, Klimawandel, Wassermangel, menschliches Bevölkerungswachstum und entsprechender Raubbau an der Natur.

Doch ist Paulus im Grund des auferstandenen Christus überzeugt:

> »Dass dieser Zeit Leiden nicht ins Gewicht fallen werden gegenüber der Herrlichkeit, die an uns offenbar werden soll« (Röm 8,18).

Diese Gewissheit fällt uns in der heutigen und den zukünftigen Zeiten leider schwer. Dennoch erwacht der Auferstehungsglaube in uns, wenn wir mit Paulus sprechen:

> »Der Tod ist verschlungen vom Sieg (des Lebens) ...
> Gott aber sei Dank, der uns den Sieg gibt
> Durch unseren Herrn Jesus Christus« (1 Kor 15,54.57).

Dann fügt er, tröstlich für uns heute, hinzu:

> »Ihr wisst, dass eure Arbeit nicht vergeblich ist in dem Herrn«.

Das Menschengeschlecht ist in das »Seufzen der Kreatur« eingeschlossen. Auch wir leiden unter dem Todesschicksal und sehnen uns nach der »Erlösung unseres Leibes« (Röm 8,23). Unsere Hoffnung ist eine kosmische Hoffnung, und die Hoffnung des Kosmos ist auch unsere Hoffnung. Es wird einmal aus dem Seufzen der Kreatur der Jubel der Kreatur werden. Wer jetzt nicht seufzt, jubelt dann auch nicht.

Von Gott her ist die Welt schon gerettet. Der Kampf der göttlichen Gnade gegen menschliche Sünde ist in Christi Tod beendet. Der Sieg des göttlichen Lebens über den natürlichen Tod ist in der Auferweckung Christi errungen. »Um wieviel mehr« sagt Paulus:

> »Wo aber die Sünde mächtig geworden ist, da ist doch die Gnade noch viel mächtiger geworden« (Röm 5,20).

Das ist gegen den lutherischen Sündenpessimismus, der gerne als »christlicher Realismus« gepriesen wird, festzuhalten. Die »theologia crucis«, die Luther in der Heidelberger Disputation 1518 gegen die »theologia gloriae« setzte, geht an Paulus vorbei, der Römer 8,34 schreibt: »Christus Jesus ist hier, der gestorben ist, ja viel mehr, der auch auferweckt ist, der zur Rechten Gottes ist und uns vertritt«.

Die »theologia crucis« ist in der »theologia gloriae« der Auferstehung Christi aufgehoben.

Es führen drei Stufen zur Auferstehung Christi vom Tod zum Leben, von der Sterblichkeit zur Herrlichkeit, von der Immanenz zur Transzendenz:

1. Christi Auferstehung nahm im Reich des Todes seinen Anfang: Er zerstörte die Hölle und weckte die Toten zum ewigen Leben auf. Das ist auf einer orthodoxen Osterikone sehr schön dargestellt: Der Auferstandene zieht Adam und Eva, die Repräsentanten der ganzen Menschheit, an ihren Händen aus ihren Gräbern.

2. Auf Erden erscheint Christus im Reich der Lebenden, der Frauen und der Jünger, als der Auffahrende 40 Tage lang, sich sehen ließ, um sie mit Glauben zu erwecken, und sie mit dem Geist der Auferstehung und des Lebens anzuhauchen und ihnen Frieden zu geben. Ostern und Pfingsten gehören zusammen: Die Kirche Christi entsteht.

3. Himmelfahrt gehört zur Auferstehung Christi: Er fährt in den Himmel auf. Gott setzt ihn zu seiner Rechten, die *anakephaleiosis toon panton* (Eph 1,10) beginnt: »Dass alles zusammengefasst wurde in Christus, was im Himmel und auf Erden ist«. »Himmel und Erde« sind Symbole für den Kosmos, das Weltall. Der zum Himmel aufgefahrene Christus ist der kosmische Christus. Wir müssen die Naturgewalten weder fürchten noch verehren, wir sind zuhause im Universum, weil Christus mit seiner Gegenwart alles erfüllt: Wir existieren in einem »versöhnten Kosmos« (2 Kor 5,19).

Gott wird im Tempel seiner ganzen Schöpfung verehrt. Darauf ist jeder christliche Dom und jede Kathedrale ausgerichtet. Nur als Haus der ganzen Schöpfung ist die Christenheit mehr als eine Religionsgemeinschaft unter anderen.

9. Das Reich der Herrlichkeit

Traditionell zählt die Theologie drei Reiche: das Reich der Natur – das Reich der Gnade – das Reich der Herrlichkeit. Luther unterscheidet das »Licht der Natur, das Licht der Gnade und das Licht der Herrlichkeit«, die die theologische Erkenntnis über Gott erleuchten.

Die westlichen Traditionen bevorzugten Dualitäten: Schöpfung und Erlösung, Natur und Übernatur, Natur und Gnade, Notwendigkeit und Freiheit. Die mittelalterliche und katholische Theologie setzte den Grundsatz durch: Die Gnade zerstört die Natur nicht, sondern setzt sie voraus und »vollendet die Natur« (gratia non destruit naturam, sed praesupponit and perficit naturam). Ich halte diesen Grundsatz zum zweiten Glied für falsch, weil er nicht unterscheidet zwischen Gnade und Herrlichkeit, zwischen Kirche und neuer Schöpfung, zwischen Christsein und menschlicher Vollendung. Dies führt zum christlichen Triumphalismus: In der Gnade soll schon die Herrlichkeit liegen, das Christsein ist schon die menschliche Vollendung, die Kirche ist schon das Reich Gottes, die perfekte Gesellschaft (societas perfecta).

Diese zwei Reiche von Natur und Gnade befinden sich in einem Zug zur Zukunft der Herrlichkeit.

Was passiert mit der Natur, wenn ihre Zukunft das Reich der Herrlichkeit ist? Dann ist sie in ihrem jetzigen Zustand eine »unfertige Welt«. Die »Schöpfung am Anfang« ist eine anfängliche Schöpfung. Die vergängliche Herrlichkeit jedes Geschöpfes weist auf die unvergängliche Herrlichkeit im Reich der Herrlichkeit hin. Ihre vergängliche Zeit des Todes wird verstanden als die anfängliche Zeit des Lebens, die auf den Anfang der neuen Schöpfung hinweist. Jedes Geschöpf ist eine Realverheißung seiner Verherrlichung. Die Schöpfung am Anfang ist auf das Reich der Herrlichkeit angelegt. Dafür steht der offene Schöpfungssabbat. Die Naturwissenschaften sprechen vom »Aussehen der Dinge«, die Theologie spricht von der »Aussicht der Dinge«, hat der junge Luther zu Römer 8,20 gesagt.

Was passiert mit der Gnade, wenn ihre Zukunft das Reich der Herrlichkeit ist? Die Gnade besteht aus der ganzen Heilsgeschichte, die im Alten und Neuen Testament erzählt wird und aus den »Gnadenmitteln« der Kirche wie Wort und Sakrament, Gottesdienst und Gemeinschaft und Diakonie. Die Zukunft der Herrlichkeit macht aus der Heilsgeschichte Geschichten der Hoffnung wie die Exodusgeschichte, aus der Israel hervorgegangen ist, oder die Christusgeschichte, aus der die Kirche hervorgegangen ist, das sind Geschichten mit offener Zukunft.

Für Israel bedeutet dies, dass Israel eine Morgenröte der Herrlichkeit der neuen Schöpfung ist: »Mache dich auf, werde licht, denn dein Licht kommt. Siehe, Finsternis bedeckt das Erdreich und Dunkel die Völker, aber über dir geht auf der Herr und seine Herrlichkeit erscheint über dir« (Jes 60,1-2).

Die Christusgeschichte endet mit der Auferweckung Jesu und seiner Himmelfahrt und öffnet die Zukunft der neuen Schöpfung ohne Tod, Leid und Geschrei, wo Gott bei den Menschen einwohnt und sie sein Volk sein werden.

Im Geist der Auferstehung werden die Glaubenden zu Kindern Gottes in Gemeinschaft mit dem »Sohn Gottes«. Ist das das Ziel oder welche Zukunft haben die »Kinder Gottes«? »Meine Lieben, wir sind schon Gottes Kinder, aber es ist noch nicht offenbar, was wir sein werden. Wir wissen aber, wenn es offenbar wird, werden wir ihm gleich sein, denn wir werden ihn sehen, wie er ist« (1 Joh 3,2). Wir Menschen werden im Reich der Herrlichkeit gottfähig und göttlich werden, denn wir werden Gott »von Angesicht zu Angesicht« schauen und werden nicht sterben, sondern ewig in ihm leben. Das ist die Vollendung des Menschseins.

Das Wort des Evangeliums ist die Verheißung Gottes, Zusage und Ansage, und die Eucharistie/Abendmahl ist das Hochzeitsmahl Christi mit seiner Kirche und ein Anfang des herrlichen Gastmahls aller Völker in der Gegenwart Gottes. Jeder christliche Gottesdienst am Sonntagmargen ist eine Erscheinung des auferstandenen Christus und ein Vorschein seiner Zukunft. So macht die Aussicht auf das Reich der Herrlichkeit die Gnadengeschichte zum Vorläufer seiner selbst und erfüllt sie mit herrlicher Hoffnung.

Das Reich der Herrlichkeit ist die Zukunft der Reiche der Natur und der Gnade. Ich hatte von einer »abgeleiteten Herrlichkeit« gesprochen. Das muss ich nun erklären. Die Herrlichkeit der neuen Schöpfung ist eine empfangene Herrlichkeit durch und in der wesentlichen Herrlichkeit Gottes.

Maximus Confessor unterscheidet zwischen Äon und Ewigkeit und lehrt, dass Äon die Ewigkeit der neuen Schöpfung sei. Dieser letzte Äon ist mit den Erfahrungen der Zeit dieses Äons erfüllte Ewigkeit. Alle Zeiten sind in dieser äonischen Ewigkeit zusammengefasst. Zeit und Ewigkeit durchdringen sich, sodass man von zeitlicher Ewigkeit und ewiger Zeit sprechen kann. Zeit ist aufgehoben in der Ewigkeit und Ewigkeit wohnt in der Zeit ein. Äonische Ewigkeit ist nicht die reine Ewigkeit Gottes, sondern ist die Schönheit der neuen Schöpfung in der Ewigkeit Gottes. Zeit »hat ihren Ursprung in der Ewigkeit, ist von der Ewigkeit umfasst und ist dazu bestimmt, selbst ein Stück Ewigkeit zu werden«, schreibt Dumitru Staniloae.[3] Äonische Ewigkeit schließt auch die Erfahrung der Bewegtheit in sich. Während im vergänglichen Äon Zeit gemessen wird im Vorher und Nachher, im Werden und Vergehen, ist in der äonischen Ewigkeit Zeit. im Kreislauf. Während hier die lineare Zeit vorherrschend ist, ist dort die zyklische Zeit ein Abbild der neuen Schöpfung für die Ewigkeit Gottes.

Im Grunde ist neue Schöpfung eine Harmonie von linearer und zyklischer Zeit.

Herrlich ist die Schönheit der neuen, der ewigen Schöpfung. Dostojewski hatte dieses im Sinn, wenn er sagte:

»Die Schönheit wird die Welt erlösen«.

3 Ebd., Band I, S. 303.

Meditation über: »Auch dich lockt er aus dem Rachen der Angst in den weiten Raum, wo keine Bedrängnis mehr ist« (Hiob 36,26)

Dieser Spruch ist seit über 70 Jahren mit mir gegangen, und meine Lebensgeschichte ist wie eine Auslegung dieses Spruches.

Im *»Rachen der Angst«* begann meine Geschichte mit Gott. Ich liebe keine alten Kriegsgeschichten. Sie haben mich zu lange gequält, bis ich sie endlich verdrängen konnte. Aber sie sind da, tief in mir öffnet sich manchmal »der Rachen der Angst« und dann ist es wieder wie damals.

Ich spreche als Erstes von der Zerstörung meiner Heimatstadt Hamburg im Juli 1943. Ich wurde mit 16 Jahren mit meiner Schulklasse zur deutschen Wehrmacht eingezogen und kam in eine Flakbatterie in Hamburg-Innenstadt. In der letzten Juliwoche öffnete sich »der Rachen der Angst« für uns. Mit mehr als 1.000 Flugzeugen war die Royal Airforce Nacht für Nacht über der Stadt und entfachte zuerst mit Sprengbomben und dann mit Brandbomben einen Feuersturm, der ganze Stadtteile auffraß. Ungefähr 35.000 Menschen starben im Feuer. Unsere Stellung wurde von Rauch und Feuerwolken zugedeckt. Wir sahen ohnmächtig die Brände auf uns zukommen. Als wir nach den Angriffen versuchten, in den Häusern die Brandbomben von den Dächern zu werfen, stiegen wir über verbrannte Menschen. In der letzten Nacht traf uns die Bombe. Sie zerriss den Schulfreund neben mir und verschonte mich auf unerklärliche Weise.

In jener Nacht habe ich zum ersten Mal nach Gott geschrien: Wo ist Gott? Mein Gott, wo bist Du? War mein Schrei, nicht die Frage: Warum lässt Gott diese Hölle zu? Ich habe damals keine Antwort auf meinen Schrei nach Gott bekommen, erst sehr viel später hat mich die Antwort gefunden.

Die andere Frage, auf die ich bis heute Antwort suche, war: Warum bin ich am Leben und nicht tot wie die anderen? Ich fühlte die »Schuld« des unverdienten Überlebens und suchte den Sinn des Weiterlebens: Wozu lebe ich? Es muss doch einen Sinn haben. So wurde ich zu einem Gottsucher.

Wir waren nach der Zerstörung Hamburgs 1943 überzeugt, dass der Krieg zu Ende sei. Hitler aber führt ihn dann noch 2 Jahre weiter. Er forderte noch furchtbare Opfer und die Zerstörung der deutschen Städte.

Die bibelfesten Engländer hatten die Zerstörung Hamburgs »Operation Gomorrha« genannt. War Hamburg eine »sündige Stadt«, wie einst Sodom und Gomorrha? Auf den Feldern bei Minsk starben 20.000 Hamburger Juden und im KZ Neuengamme wurden noch einmal so viele Menschen ermordet. Das ist der Grund dafür, warum mich jene Ereignisse nicht nur in Angst und Schrecken versetzen, sondern auch mit tiefer Scham und Schande geprägt haben.

»Auch dich lockt er aus dem ›Rachen der Angst‹«. Diesen Lockruf der Freiheit habe ich damals nur dunkel geahnt und ich spüre ihn immer wieder, wenn sich die Tiefen der quälenden Erinnerungen öffnen und dieser »Rachen« nach meiner Seele greift.

»Der weite Raum, in dem keine Bedrängnis mehr ist«, der ist mir in der Bedrängnis eines elenden, stacheldrahtumzäunten Kriegsge-

fangenenlagers 1945 aufgegangen. Ich geriet im Februar 1945 in englische Gefangenschaft, zuerst in einem Massenlager in Belgien. Dort erlebte ich das Kriegsende in Europa am 9. Mai 1945. Es war eine große Erleichterung: die Befreiung vom Krieg, die Befreiung von der Nazipropaganda im Gefangenenlager. Allerdings war das Rote Kreuz nicht mehr für uns zuständig, weil es das Deutsche Reich nicht mehr gab, und die Engländer reduzierten unsere Rationen. Im August 1945 kam ich in ein Arbeitslager in Schottland.

Wir waren dem Tod entronnen, aber ohne Aussicht auf Heimkehr. Ich sehe noch vor mir die hängenden Köpfe der Gefangenen, wenn wir von der Arbeit im Straßenbau zurück ins Lager kamen. Im Herbst 1945 wurden uns die schrecklichen Bilder aus dem KZ Bergen-Belsen, das die Engländer befreit hatten, gezeigt. Wir fragten uns: Ist unsere Generation an die Front und in den »Heldentod« gejagt worden, damit die Mörder weiter töten konnten? Damals brach in mir jedes patriotische Gefühl für »Deutschland – heilig Vaterland« zusammen.

Meine geistige Nahrung waren Gedichte von Goethe und Rilke gewesen, die ich auswendig konnte. Aber in der Einsamkeit jenes Gefangenenlagers sagten sie mir nichts mehr. Dann bekam ich eine Bibel in die Hände und las zuerst die Klagepsalmen des Alten Testaments. Psalm 39 erregte zuerst meine Aufmerksamkeit:

»Ich bin verstummt
und muss mein Leid in mich fressen.
Mein Leben ist wie nichts vor dir.
Vernimm mein Schreien
Und schweige nicht zu meinen Tränen,
denn ich bin ein Fremdling vor dir
wie alle meine Väter waren«.

Das war mir aus der Seele gesprochen und rief meine Seele zu Gott. Dann las ich das Markusevangelium im Zusammenhang und kam an die Passionsgeschichte. Als ich den Todesschrei Jesu vernahm:

»Mein Gott, warum hast du mich verlassen?«

spürte ich mit Gewissheit: Da ist einer, der dich ganz versteht, der die gleiche Gottverlassenheit wie du und mehr erlitten hat: Dem kannst du vertrauen. Ich begann den angefochtenen Christus zu verstehen, weil ich mich von ihm verstanden fühlte. Der Bruder in der Not, der Gefährte, der mit dir durch das finstere Tal geht, der Weggefährte, der dich mitnimmt auf seinem Weg in die Freiheit und die Auferstehung. Ich fasste wieder Lebensmut und hoffte auf den »weiten Raum, in dem keine Bedrängnis mehr ist«.

Ja, der »weite Raum«: Jeder Gefangene in seiner Zelle und jeder Kranke auf seinem Krankenbett kennen diese Sehnsucht ins Weite und Offene, in den Lebensraum und den Bewegungsraum. Immer wenn ein Vogel über unser Lager flog, sahen wir ihm sehnsüchtig nach – und wurden wohl noch etwas mürrischer mit unserem Schicksal. »Weiter Raum«, das ist ein Symbol für die Freiheit. »Weiter Raum« das ist auch ein hebräischer Name Gottes: Makom. »Du umgibst mich von allen Seiten«, sagt Psalm 139.

In meiner Verlassenheit erkannte ich den verlassenen Jesus und in seiner Nähe ging mir der weite Raum auf: Gott. Damals erkannte ich auch die Antwort auf meine angstvolle Frage: »Wo ist Gott?« Gott war da in der Zerstörung Hamburgs, im Feuersturm und im massenhaften Tod: Gott erlitt all diese Zerstörungen und dieses sinnlose Sterben, das Menschen an Menschen verübten. Die Leidensgeschichte der Welt ist auch die Passionsgeschichte Gottes, der diese Welt trägt und erträgt. Ich habe Gott nicht so sehr als hohen Himmelsherrn erlebt, der alles herrlich regiert, als vielmehr als den alles mit unendlicher Geduld von unten tragenden Gott. Seine tragende Macht spüre ich auch persönlich im hohen Alter: »Ja, ich will euch tragen bis zum Alter hin, und ihr sollt einst sagen, dass ich gnädig bin« (Jes 46,4).

»Auch dich lockt er ... Auch mich?«

Warum bin ich nicht tot wie die anderen? Wozu soll ich leben? So fragte ich mich immer wieder nach mehreren Todeserfahrungen im Krieg. Als Jugendlicher wollte ich Mathematik und Physik studieren. Als ich gerade das Buch »Licht und Materie« von dem französischen Atomphysiker Louis de Broglie mit einer Einleitung von Werner Heisenberg las, wurde ich 1943 eingezogen. Nach dem englischen Kriegsende am 10. August 1945 – die Atombomben waren auf Hiroshima und Nagasaki gefallen und hatten den 2. Weltkrieg beendet und das Atomzeitalter eröffnet – verlor sich mein Interesse an physikalischen Formeln; menschliche Existenzfragen und theologische Fragen traten an die Stelle.

Da wurden im Juli 1947 sechs Kriegsgefangene zur ersten internationalen christlichen Studentenkonferenz nach Swanwick, Derbyshire, eingeladen. Ich war einer von ihnen. Wir trugen noch die Uniformen aus dem Krieg. Wir kamen mit Furcht und Zittern. Was sollten wir zu den deutschen Kriegsverbrechen und zu den Massenmorden in den KZs sagen? Aber wir wurden als Brüder in Christus willkommen geheißen und konnten mit den Studenten aus aller Welt zusammen essen und trinken, singen und beten. So angenommen zu werden, war für uns eine wunderbare Erfahrung, eine Befreiung, die uns aufatmen ließ. Mit einem Mal erkannte ich die große, versöhnende Kraft des christlichen Glaubens: »In Christ there is nor East or West ...« sangen wir.

Dann kam eine Gruppe holländischer Studenten und wollten ernsthaft mit uns sprechen. Mir wurde Angst, denn ich war am Rande des Kampfes um die Brücke in Arnheim eingesetzt worden. Aber sie sagten uns: Christus ist die Brücke, auf der wir zu euch kommen. Sie berichteten vom Gestapoterror, der ihre Freunde zum Opfer gefallen waren, und wir konnten – zuerst zaghaft – auf diese Brücke treten und die Schuld unseres Volkes bekennen. Am Schluss umarmten wir uns. Ich atmete auf und kehrte mit neuem Mut ins Lager zurück. Jetzt wusste ich, wozu ich leben sollte. Ich wollte Theologie studieren und Pfarrer werden und der großen, versöhnenden Kraft des Glaubens dienen. Und ich spürte: Auch Dich! So wurde ich in den »weiten Raum« des Glaubens und der Theologie gelockt, in dem es »keine Bedrängnis mehr gibt«, sondern nur unbändige Freude!

Nach 3 Jahren kam ich dann 1948 nach Hause, von der äußeren Gefangenschaft befreit, aber die innere Gefangenschaft der Seele blieb noch lange in mir. Worin besteht sie? Jeder Gefangene legt sich einen Panzer zu, um die hässlichen Erfahrungen der Gefangenschaft abzuwehren. Er wird verschlossen in seiner Seele, bitter in seinem Herzen und misstrauisch in seinen Augen. Es wird ihm »alles egal«. Dann spürt man den Stacheldraht nicht mehr, aber man lebt auch nicht mehr, denn man kann aus diesem seelischen Panzer nicht mehr heraus. Ich hatte mich damals in das Schneckenhaus meiner Seele zurückgezogen und diese Verschlossenheit hat noch lange angedauert, bis ich auf den Lockruf der Freiheit hörte, aus mir herausging und es wagte, mich dem Leben in die Arme zu werfen. Dann sprangen die eisernen Ringe von meinem Herzen und ich begann zu leben und zu lieben.

»Auch Dich lockt er in den weiten Raum, in dem keine Bedrängnis mehr ist«: Es ist wie der Morgen eines neuen Tages: Man muss nicht nur geweckt werden und wach sein, man muss auch aufstehen und in den neuen Tag hineingehen. Wir hören den Lockruf der Freiheit und wir stehen auf und kommen. Anders lernt man den »weiten Raum« nicht kennen. Denn Freiheit ist ganz elementar Bewegungsfreiheit und dazu braucht es einen weiten Raum. Um das Leben wirklich zu erleben, braucht es die Lebensräume. Wenn wir geliebt werden und zu lieben beginnen, dann finden wir den Raum zum Leben, und räumen einander freies Leben ein. Wo wir die Freiräume der Liebe spüren, gehen wir aus uns hinaus; wo wir sie vermissen, ziehen wir uns zurück. Gott lockt uns in seiner Liebe in den weiten Raum, den er für jeden und jede von uns bereitet hat. Wir sollen aus uns herausgehen und leben und unseren weiten Raum ausfüllen. Du hast mehr Möglichkeiten, als du denkst: Erkunde sie und ergreife sie! Wo Gott selbst uns lockt, sind wir weltoffen und neugierig auf unsere Zukunft. Besser hundert Mal enttäuscht zu werden, als die mutige Lebenshoffnung aufzugeben. Der Lockruf in den »weiten Raum« ist immer da: Hörst Du ihn?

Der »weite Raum« wartet auch auf uns, wenn wir an die letzte Grenze des Lebens kommen, den Tod. Wenn es zum Sterben kommt, wird es eng und der »Rachen der Angst« mag nach uns greifen. Aber hinter dieser Enge warten der grenzenlose Raum, die Fülle des ewigen Lebens und die zukünftige Welt der neuen Schöpfung auf uns.

»Wenn mir am allerbängsten
wird um das Herze sein,
dann reiß mich aus den Ängsten
kraft deiner Angst und Pein« (Paul Gerhardt).

Amen

Nachweise der Erstveröffentlichung

Kapitel 1: Der Mensch eine missglückte Schöpfung?, in: Heike Springhart/Günter Thomas (Hg.), Risiko und Vertrauen. Festschrift für Michael Welker, Leipzig 2017, 16-22.

Kapitel 3: Kurzform in: Zeitzeichen 6/23, 8-11: Für die Herrlichkeit bestimmt. Der kosmische Christus und die große ökologische Transformation.

Kapitel 6: EvTh 79, 6, 473-478: Der Geist der Wahrheit.

Kapitel 7: Herrlichkeit, in: Peter J. Winzen/Maike Schult (Hg.), Endlich-Unendlich. Von der unstillbaren Sehnsucht in Raum und Zeit, Festschrift für G.M. Martin, Stuttgart 2022, 99-106.

1. Auflage

Umschlagmotiv: © DOERS - Adobe Stock.com
Druck und Bindung: Books on Demand GmbH, Norderstedt
Printed in Germany
ISBN 978-3-579-07104-6
www.gtvh.de

Kurt A. Freischläger
Kurts Geschichten